KB073350

농경은 어떻게
시작되었는가

나카오 사스케 지음 | 김효진 옮김

일러두기

1. 이 책은 국립국어원 외래어 표기법에 따라 외국 지명과 인명 및 상호명을 표기하였다.

2. 본문 주석 중 역자의 주석은 '역주'로 표시하였으며, 그 밖의 것은 저자의 주석이다.

3. 서적 제목은 겹낫표(『 』)로 표시하였으며, 그 외 인용, 강조, 생각 등은 따옴표를 사용하였다.
   예) 『재배 식물의 기원Origine des plantes cultivées』, 『가축과 재배 식물의 변이The Variation of Animals and Plants under Domestication』

4. 이 책은 산돌과 Noto Sans 서체를 이용하여 제작되었다.

네팔 히말라야 중턱의 계단식 수전에는 자포니카형 벼가 많고 재배법은 일본과 동일하다. 두렁 콩을 재배해 낫토를 만드는 풍습도 있다. 히말라야의 조엽수림문화(네팔 동부, 1962)

인도, 파키스탄 건조 지대의 주식은 밀가루를 반죽해 얇게 구운 차파티이다. 카라코룸 산속에서
도 차파티를 구워 먹는 인부들의 모습(카라코룸, 1955)

근재 농경문화
사탕수수　타로감자　얌　바나나

사바나 농경문화
동부콩 손가락조　호리병박 참깨

지중해 농경문화
보리　완두콩　순무 소맥

신대륙 농경문화
감자　강낭콩　호박　옥수수

머리말

'문화'라고 하면 예술, 미술, 문학, 학술과 같은 것을 떠올리는 사람이 많다. 농작물이나 농업 등은 '문화권' 밖의 존재로 여겨진다.

문화는 영어의 '컬처Culture', 독일어의 '쿨투어Kultur'를 옮긴 말이다. 이 말은 본래 '재배'를 뜻한다. 땅을 일구고 작물을 재배하는 것, 이것이 문화의 본뜻이다.

그런데 일본에서는 컬처를 '문화, 교양'의 의미로만 생각해 그 본뜻은 잊어버리고 예술이나 학문과 같은 지엽적인 의미만 중시한다. 이런 문화관은 뿌리를 잊고 꽃만 바라보는 것이나 다를 바 없다.

문화의 출발점이 재배라는 인식은 서구의 학계가 수백 년에 걸쳐 세계 각지의 미개 사회와 접촉해 조사한 결과이자 고고학적 연구와 서재에서의 오랜 사색 등이 합쳐져 나온 결론이다. 인류의 문화가 농경 단계에 들어서면서 급격히 발전한 것은 분명한 사실이다. 그 사실의 중요성을 깊이 인식한다면 '재배'라는 단어로 '문화'를 대표하는 것은 실로 현명한 태도라고 할 수 있다.

인류는 고대부터 현대에 이르기까지 먹는 행위를 계속해왔다. 그 시간은 수천 년을 넘어 수만 년 단위에 이른다. 그 방대한 세월동안 인간의 활동과 노동의 주력은 언제나 식량 획득에 있었다는 것은 의심할 여지없는 사실이다. 근대 문명이 고도의 문화를 꽃 피운 나라에서도 모든 노동량의 과반을 식량 생산에 쏟아야 했던 시대가 그리 오래된 일은 아니다.

인류는 전쟁이나 종교 의례 혹은 예술과 학술을 위한 일보다 식량을 생산하는 농업에 가장 많은 땀을 흘려왔다. 지금도 다르지 않을 것이다. 과거 수천 년간 그리고 현재에도 여전히 농업은 인간이 땀 흘려 노력하는 중심적 존재이다. 이처럼 인류 문화의 근원이자 문화의 과반을 점한다고도 할 수 있는 농업의 기원과 발달에 대해 살펴보고자 한다.

문화로서 바라본 농업에는 놀라운 현상들이 가득하다. 종교가 살아 있는 문화 현상인 것처럼 농업 역시 살아 숨 쉬는 문화이다. 살아 숨 쉴 뿐 아니라 인간을 살아가게 해주는 문화이다. 농업은 소비하는 문화가 아닌 생산하는 문화이다.

농경문화에는 문화재가 넘쳐난다. 전 세계 수많은 농경

민들이 농기구나 농경 기술의 놀라운 진보를 이루었다. 그 하나하나에 담긴 기원과 전파 그리고 발달과 변천에 관해 설명하는 것은 인류의 모든 역사를 돌아보아야 하는 장대한 작업이 될 것이다. 여기서는 그 대략적인 내용만 이야기하고자 한다.

목차

머리말   6

제1장 재배 식물이란 무엇인가?   13

제2장 근재 농경문화   35

제3장 조엽수림 문화   77

제4장 사바나 농경문화   97

제5장 벼의 기원   139

제6장 지중해 농경문화   169

제7장 신대륙 농경문화   213

후기   226
역자 후기   229

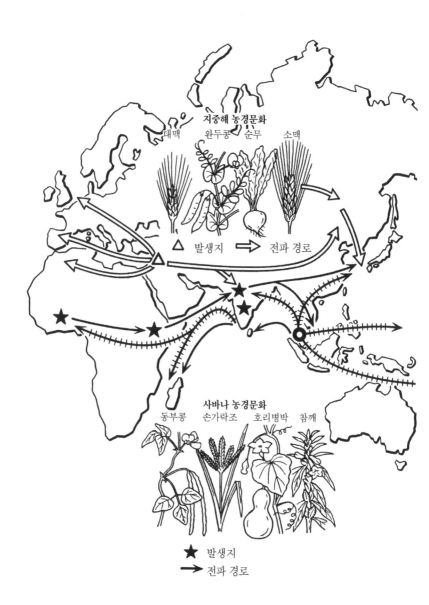

지중해 농경문화

대맥 완두콩 순무 소맥

△ 발생지 ⇨ 전파 경로

사바나 농경문화

동부콩 손가락조 호리병박 참깨

★ 발생지
→ 전파 경로

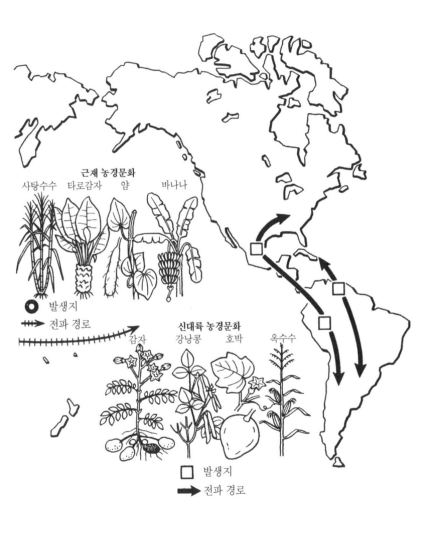

근재 농경문화

사탕수수   타로감자   얌   바나나

◎ 발생지
➤➤➤ 전파 경로

신대륙 농경문화

감자   강낭콩   호박   옥수수

☐ 발생지
➤ 전파 경로

북미 인디언들이 사용한 시드 비터(B)와 채집한 야생 낟알을 담는 바구니
(A) (Singer, et al., 1956)

제1장 재배 식물이란 무엇인가?

재배 식물

인간이 가진 문화재는 어떤 것이 있을까. 미술사의 위대한 문화재인 밀로의 비너스는 본래 고대인들의 예배 대상으로 만들어진 것이었다. 신앙은 사라졌지만 그 아름다움만은 남아 있는 문화재이다. 농업에는 이런 의미를 지닌 문화재가 드물다. 비너스가 신앙의 대상이 되었던 당시에는 입상이 가치가 있던 시대였다. 하지만 보리 한 줄기, 벼 한 포기는 그 유용성 때문에 오늘날에도 가치가 있다. 그 무엇보다 가치 있는 문화재이다. 풀이 무슨 문화재냐고 의문을 갖는 사람도 있을 것이다. 우리가 흔히 보는 벼나 보리는 인간이 만들어낸 식물이다. 야생 시대와는 전혀 다른 존재라는 사실을 알아둘 필요가 있다. 기원을 밝히는 것조차 쉽지 않은 현대의 재배 식물은 우리 선조들이 수천 년에 걸쳐 개량하고 발전시킨 땀의 결정이다. 그런 노동과 기대에 부응해 벼와 보리는 인간의 식량으로서 스스로를 발전시켜온 것이다. 오늘날 전 세계에서 재배되는 벼와 보리의 종자가 모두 사라졌다고 생각해보자. 원자력을 이용할 정도로 발전한 근대의 식물 육종학자가 어떤 경제적 제약 없이 순수한 야생 식물로부터 벼와 보리의 품종을 만들어내려면 몇 년이 걸릴까. 10년? 20년? 아마도 육종학자는 그런 책임을 피하려 할 것이다. 밀로의 비너스를 다시 만들 수 없듯 벼와 보리의 품종도 다시 만들 수 없다. 근대 농업 기술은 현존하는 벼와 보리의 품종이 과거 수천 년에 걸쳐 발전해온 것처럼 발전 속도를 조금 높일 수 있게 된 것뿐이다.

농경문화의 문화재는 농기구나 농업 기술보다 살아 있는 재배 식물과 가축의 품종이 더욱 중요하고 가치가 있다. 농업이란 살아 있는 문화재를 선조로부터 물려받아 소중히 기르고 자손에게 물려주는 작업이라고도 할 수 있다. 그 오랜 세월동안 식물은 얼마나 발전했을까. 이제 조금 더 구체적으로 벼와 보리의 야생 식물과 재배화된 현재의 품종을 비교해보기로 하자.

팔등신보다 육등신

벼나 보리의 야생종과 재배종을 비교할 때 가장 먼저 부딪치는 문제는 그들의 야생종이 지구상에 존재하는지 여부이다. 1868년 생물 진화론을 주장하는 『가축과 재배 식물의 변이The Variation of Animals and Plants under Domestication』를 쓴 찰스 다윈Charles Robert Darwin도 그의 저서에서 보리의 기원 문제에 대한 깊은 흥미를 드러냈지만 의문의 핵심에 다가가지는 못했다. 프랑스의 식물 분류학자 오귀스탱 드 캉돌Augustin Pyramus de Candolle은 1883년 당대의 명저 『재배 식물의 기원Origine des plantes cultivées』을 펴내 오늘날에도 그 가치를 인정받고 있지만 벼와 보리에 관해 쓴 장은 지금의 지식으로 보면 상당히 유치한 수준이다. 과학적 정신을 갖춘 이런 선각자들조차 매일 자신의 생명을 유지해주는 빵의 재료인 보리의 기원을 '신이 주신 것'이라는 과학적 실증과 거리가 먼 지식만을 제공할 수밖에 없었던 것이다.

하지만 금세기 들어 이런 사정은 바뀌기 시작했다. 세계 각지의 많은 식물학자, 농학자들의 노력으로 다양한 재배 식물의 야생 원종이 발견되었다. 특히 구소련의 니콜라이 바빌로프Nikolai Vavilov는 레닌이 직접 임명한 구소련의 농업지도자로서 재배 식물의 모든 품종 및 유전자를 수집하는 활동을 개시했다. 거의 전 세계를 누빈 그의 재배 식물 탐험대는 다량의 야생 원종을 채집하는 데 성공하며 재배 식물의 기원 연구에 놀라운 진보를 가져왔다. 그 후에도 재배 식물의 기원 연구는 전문가들의 노력으로 꾸준한 성과를 거두었다. 그 결과, 벼, 이조 대맥, 일립 소맥, 에머 소맥 등의 재배 식물의 야생 원종이 밝혀졌다.

표 1 벼, 맥류의 재배종과 원종

재배종	야생종	야생종의 분포지
벼(Oryza sativa)	오리자 페레니스 (O. perennis)	범열대
이립 대맥(Hordeum distichum)	호르뎀 스폰타눔 (H. spontaneum)	팔레스타인, 터키, 이란, 아프가니스탄
일립 소맥(Triticum monococcum)	트리티컴 에이질로포이데즈 (T. aegilopoides)	발칸, 터키
에머 소맥(Triticum dicoccum)	야생 에머 소맥 (T. dicoccoides)	시리아, 팔레스타인, 코카서스

이렇게 중요한 곡류의 야생종과 재배종을 함께 재배해 비교해보면 여러 가지 재미있는 사실을 알게 된다. 야생종은 보통 가늘고 늘씬한 형태이다. 굵고 알이 꽉 찬 이삭 대신 가느다란 줄기 끝에 자잘한 알곡을 맺는 이삭이 팬다. 사람으로 치면, 체구는 작지만 늘씬한 팔등신 미인이다. 그에 비해 일본의 풍산성 벼의 품종이나 개량된 소맥 품종은 굵고 통통하게 자라며 알이 꽉 찬 이삭을 팬다. 겉보기에는 땅딸막한 육등신이지만 벼나 보리는 늘씬한 팔등신보다 실용적인 육등신이 더 많은 사랑을 받는다.

닿으면 떨어지는 야생종 낟알

잘 익은 팔등신 야생종의 낟알은 손만 닿아도 우수수 떨어진다. 낟알의 탈락성이라고 하는 이런 성질은 야생종 낟알이 지닌 통유성이다. 야생종과 재배종이 매우 비슷해 구별이 어려울 때는 이 탈락성 여부로 야생종과 재배종을 구별한다. 이 성질은 야생종이 종자를 자연 산포하는 데 적응해 나타났다. 그에 비해 재배종은 낫을 이용한 인간의 수확법에 적합한 성질을 지녔다. 야생 곡류를 이용하기 시작한 인류는 품종 개량 초기에 야생종의 탈락성을 비탈락성으로 개량했을 것이다.

다만, 원시인들에게 품종 개량은 쉬운 일이 아니었을 것이다. 인류가 탈락성이 있는 야생종 알곡을 채집해 식용하다 비탈락성으로 개량한 품종을 재배하기까지는 수백 아니 수천 년이 걸렸을 것이다. 그동안 사람들은 곡류를 먹기 위해 우수수 떨어지는 낟알을 모았을 것이다. 그들은 어떻게 떨어진 야생의 낟알을 모았을까. 대략 두 가지 방법이 있었다.

첫 번째는 낟알의 탈락성을 적극적으로 이용하는 방법으로 시드 비터Seed beater라고 불리는 도구를 사용했다. 지금도 남인도에는 야생종 벼가 군락을 이루며 자라는 지역이 있다. 그곳의 빈민들은 야생종 벼가 여물기 시작하면 대바구니를 들고 채집에 나선다. 이삭을 팬 야생종 벼 군락으로 들어가 대바구니로 내리치듯 수평으로 퍼 올리면 낟알이 우수수 떨어져 대바구니에 담긴다. 이 동작을 반복하면 비교적 쉽게 탈립성 야생종 벼의 낟알을 수확할 수 있다. 바구니 밖으로 떨어지는 낟알은 자연스럽게 이듬해를 위한 파종이 된다.

최근까지도 미 서부 산간 지역에 사는 인디언들은 이 시드 비터를 사용했다. 가을이면 인디언 여인들이 허리에 커다란 바구니를 끼고 손에는 구부러진 부채 모양의 시드 비터를 들고 초원으로 향했다. 그들은 야생종 벼 이삭의 물결 속으로 들어가 시드 비터를 이용해 잘 익은 이삭을 털어 바구니에 담았다. 그 모습은 인류가 본격적으로 야생 곡류를 채집하기 시작한 당시의 광경이기도 하다.

탈락성 야생 곡류의 낟알을 모으는 두 번째 방법은 덜 익은 이삭을 베는 것이다. 탈락성이 있는 야생종이라도 잘 여물기 전에는 낟알이 떨어지지 않기 때문에 비교적 쉽게 이삭을 모을 수 있다. 이삭 하나하나의 숙도를 확인하고 적당한 이삭만 골라 딴다. 이 방법이야말로 후에 본격적인 농업으로 나아가는 과정이라고 볼 수 있다. 하지만 이 방법에는 한 가지 문제가 있었다. 덜 여문 낟알이기 때문에 수분이 많아 저장이 어려웠던 것이다. 수확 후 바로 먹거나 가공해야 했다. 벼는 동아시아 각지에 잔존하는 여러 사례를 통해 확인할 수 있듯 수확 직후의 가공 체계가 발달했다. 예컨대, 일본 규슈 지방의 산지에서 볼 수 있는 야키고메燒米는 덜 여문 찹쌀을 수확해 그대로 쪄낸 후 절구에 빻으면 겉겨가 떨어져 나가면서 낟알이 납작해진다. 이렇게 만들어진 알파미는 저장성이 뛰어나고 물만 부어 바로 먹을 수도 있다. 메이지 시대(1868~1912년) 중기까지 일본 농민의 주요 식량이었던 피도 백증법白蒸法, 흑증법黑蒸法이라고 불리는 방식으로 쪄낸 후 정백한 것이었다.

인도에서도 이런 가공 방식을 확인할 수 있다. 인도의 벼 품종은 크게 두 가지로 나뉘는데 그중 조생 품종인 아우스Aus 군에 속하는 품종에 탈락성이 남아 있는 것이 많고 일반적으로 벼가 완전히 익기 전에 수확한다. 다양한 가공 체계가 발달했는데 그중에서도 하층민들이 일상적으로 먹었던 치라Chira는 규슈의 야키고메와 똑같은 방식으로 만들어졌다. 그 밖에도 비슷한 가공법이 많은데 예컨대 아삼 주에는 무리Muri·아코이Akhoi라고 불리는 볶은 쌀, 코말 사울Komal Saul이라고 부르는 알파미 등이 있다. 코말 사울은 일본의 등산용 알파미 제품과 동일하다. 하지만 인도에서 가장 많이 이용되는 가공 방식은 파르보일링Par-boiling이다. 수확 직후 겉겨가 붙어 있는 그대로 쪄낸 후 햇볕에 말려 저장하는 방법이다. 농민들은 그렇게 저장한 쌀을 필요한 양만큼 꺼내 공이로 빻아 쓿는다. 그렇게 쓿은 백미는 외관상으로는 일본의 알파미와 구별이 잘 되지 않을 만큼 비슷하다. 인도에서는 파르보일링 가공한 쌀의 비율이 거의 절반가량을 차지한다. 예컨대 마드라스 주는 40%, 케랄라 주에서는 95%라는 통계가 있다.

이삭을 팰 때부터

1959년 가을, 나는 인도의 아삼 주를 걷고 있었다. 브라마푸트라 강 남쪽 기슭에는 드넓은 대지형 산지가 있다. 카시 산지이다. 카시 산지 남단의 구릉 위, 세계 최다우 지역으로 기록된 체라푼지의 마을에서 자동차로 북부에 위치한 주도州都 실롱으로 향했다. 거석 유물 멘히르가 산재하는 카시 족 마을을 지나던 길에 문득 기묘한 작물을 만났다. 잡초처럼 생긴 원시 곡류가 산비탈 가득 재배되고 있었다. 몇 포기씩 묶여 있던 그 작물은 이 지역에서만 재배되는 카시 밀렛Digitaria cruciata var. esculenta이라는 잡곡의 일종이

그림 1 카시 밀렛. 원시 농업에서는 이삭을 묶어 보호하는 기술도 개발되었다. 인도, 아삼 주 카시 고원에서.

다. 동부 히말라야 저산대에 폭넓게 야생하는데 그것을 비탈락성으로 개량한 것이다. 전체적인 모습은 일본의 텃밭 등에서 흔히 볼 수 있는 잡초 바랭이와 비슷하고 낟알도 바랭이처럼 작다. 과연 식용으로 사용할 수 있는지조차 의심스러울 만큼 낟알이 작은데 실은 이런 원시 곡류 중 카시 밀렛 이외에도 재배화된 잡곡이 몇 있다. 그 이야기는 나중에 하도록 하자.

카시 밀렛은 비탈락성의 재배형 작물이지만 야생종의 특

성이 다수 남아 있다. 카시 밀렛의 가늘고 긴 줄기는 쉽게 쓰러지며 숙기熟期도 제각각이다. 그대로는 낫으로 베는 것도 쉽지 않았기 때문에 성숙한 이삭을 다발로 묶어서 숙기가 들쑥날쑥한 이삭도 함께 베기 쉽게 만든 것이다. 낟알을 안으로 모으고 바깥쪽은 가느다란 줄기로 묶는 방식에도 큰 의미가 있다. 이렇게 묶어두면 이삭을 쪼아 먹는 새들도 막을 수 있다. 강한 바람에도 낟알이 떨어지지 않는다. 대단한 묘안이다. 이렇게 이삭을 다발 지어 묶는 기술은 곡류가 야생에서 초기 재배 단계에 들어섰을 무렵에는 무척 효과적인 방법이었다. 예컨대, 북미의 아메리칸 인디언이 와일드 라이스wild rice(줄풀류)의 낟알을 채집하던 때에도 이용되었다. 와일드 라이스는 호수 가장자리에서 야생하는 일년생 식물이기 때문에 낫으로 베는 것보다 배를 타고 이삭을 털어 낟알을 거두는 방식이 능률적이다. 털어낼 이삭을 미리 묶어두는 것은 조류에 의한 피해, 풍해, 자연 탈립을 방지할 뿐 아니라 점유권 주장의 상징으로도 이용되었다. 하지만 이런 기술은 품종의 진보와 재배법의 개량과 함께 이내 사라졌다.

아삼 주로 가는 관문인 가우하티 공항에 도착한 것은 11월 5일이었다. 아삼 주 브라마푸트라 연안의 수전 지대에서는 만생종 벼를 주로 재배했기 때문에 대부분의 논밭에서는 벼가 80% 가까이 여물어가는 상태였다. 공항 건물 바로 앞에 수전이 펼쳐져 있고 드문드문 농가가 보였다. 차를 기다리는 동안 수전을 둘러보던 나는 한 농부를 발견했다. 그는 작은 낫을 들고 이삭 물결 속에서 잘 익은 이삭만 골라 따고 있었다. 한 손 가득 쥘 수 있을 정도의 볏단을 수확하면 작업은 끝이 난다. 한 가정의 하루치 식량이다. 지난 해 수확한 비축미가 바닥난 탓에 이른 수확에 나선 것이었다. 가난한 농민들에게 수전 재배는 일제히 이삭을 패고, 여문 벼를 한꺼번에 수확하는 방식보다 성숙기가 고르지 못한 편이 편리하다. 농부의 수확법이라면 곳곳에 자생하는 야생 벼도 큰 문제없이 수확할 수 있다. 야생 벼는 10월 하순부터 12월까지 이삭을 패는 시기가 들쑥날쑥하다. 분지한 줄기가 비스듬히 쓰러져 전체적으로 어수선한 군락을 이룬다. 그래도 하나씩 골라 따면 크게 불편하지 않다. 낟알 하나하나는 야생종이나 재배종이나 크기가 거의 비슷하기 때문이다.

　오늘날의 재배 벼는 아무리 열등한 품종이라도 대부분 줄기는 수직으로 뻗고 품종을 혼합하지 않는 한 거의 일제히 이삭을 팬다. 이삭이 패는 시기는 재배법과 큰 관련이 있다. 지금의 표준 재배법은 이삭이 패는 시기 즉, 발수기發穗期를 일제히 맞추고 있다. 발수기가 고르지 않다면 줄기의 밑동을 베는 일반적인 수확법보다 잘 여문 이삭만 골라 수전 한 곳에서 여러 번 수확하는 편이 합리적이다. 벼농사는 품종과 농법의 발달로 이삭 따기에서 밑동 베기로 진보했다. 일본은 나라 시대(710~794년)까지는 이삭 따기, 헤이안 시대(794~1185년)에는 밑동 베기를 했다고 알려진다. 동남아시아는 인도의 아삼 주부터 자바 섬에 이르는 지역 곳곳에 이삭 따기 방식이 남아 있다. 의외로 유럽에서 최근까지 이삭 따기 방식으로 보리를 수확했다고 한다. 그런 추세가 전면적으로 바뀐 것은 대규모의 농지 개간이 이루어진 11~13세기로 수확용 벌낫이 등장한 시대이기도 하다. 인간에게 곡물은 어떠한 경작, 재배 방식을 이용하든 수확하지 않으면 가치가 없다. 야생에서 재배로의 진보나 재배 기술의 향상도 수확하지 않으면 의미가 없다. 즉, 품종이나 재배법의 종합적인 성과로서 수확법으로 요약할 수 있다. 지금까지 야생에서 밑동 베기 수확까지의 대강을 살펴보았다. 다음은 기계화로 넘어가게 되는데 그 부분은 이 책에서 다루는 주제 밖의 일이다.

종자에서 위장까지

농업이 문화의 기초적인 요소가 되었다는 것은 이 책의 '머리말'에서 이야기한 그대로이다. 그 농업의 문화재로서 야생 식물에서 재배 식물로 개량되어온 살아 있는 작물 역시 기초적인 요소이다. 농업의 기원과 발전은 작물을 통해 살펴보는 것이 가장 적절한 방법일 것이다. 이 책에서는 끝까지 그런 태도와 관점을 고수할 것이다. 그런 후에 작물의 재배법 즉, 농업 기술에 관해 살펴보고 다음으로 중요한 작물의 가공, 식용법 등 농업 생산물이 인간의 위장에 이르기까지의 과정을 설명하는 범위까지 다룰 생각이다.

이런 내 태도는 농업에 관련한 중요 사항을 논외로 한다는 의미이다. 예컨대, 민족학 서적 등에 빠지지 않고 등장하는 농경의 기원에 있어서의 여성의 역할과 모계 제도 및 모권 문화와 관련된 문제 등은 이 책에서 다루지 않는다. 또 사회학적으로 중요한 의미를 갖는 농지 제도 등을 포함한 사회 구조와 농업과의 관계 등도 제외했다. 또한 동남아시아 등지에서 두드러지게 발달한 각종 농경의례 및 종교와의 관련성 같은 정신 활동에 속하는 부분도 제외하고자 한다. 한마디로, 내가 이 책에서 다루고자 하는 것은 '종자에서 위장까지'의 과정이다.

전 세계 모든 농민들은 작물의 품종부터 농업 기술, 농지 제도, 농경의례까지 선조로부터 계승된 일정한 형식을 따르는 한편 조금씩 바꾸고 개량해왔으며 앞으로도 그럴 것이다. 그 모든 것이 농민의 문화의 중요한 일부가 되었지만 아무리 가난한 농민이라도 농업만이 유일한 문화는 아니다. 살 집도 있고 노래와 춤도 있다. 다양한 관혼상제가 행해지고 의복과 장신구도 있다. 수준 높은 학문과 예술도 있을 것이다. 그 모든 것이 합쳐져 '문화'가 된 것이다.

이런 전체성을 지닌 문화 중 예컨대, 농업에 관련된 요소만 끄집어내보자. 거기에는 작물의 품종이 있고 재배 및 가공 기술이 있으며 종교 의례와 농지 제도와 같은 이질적인 것들이 한데 얽혀 하나의 복합체가 된다. 다소 거창한 표현이기는 하지만 '농경문화 복합체Agricultural Culture Complex'가 형성되는 것이다.

종자에서 위장까지의 과정은 이런 농경문화 복합체를 형성하는 일부분이자 가장 기본적인 요소이다. 그런 의미에서 이 책에서는 '농경문화 기본 복합체Agricultural Culture Basic Complex'라고 부르고자 한다. 농경문화 복합체를 기본적인 부분과 그렇지 않은 부분, 예를 들어 농경의례나 농지 제도와 같은 이차적인 부분으로 나눈 것은 그 둘 사이에 매우 중대한 차이가 존재하기 때문이다.

기본 복합체의 유리한 특징

미개 지역의 탐험기나 여행기를 읽다 보면, 좁은 지역에서 굉장히 다양한 민족을 만나는 이야기가 자주 등장한다. 예컨대, 20세기까지 석기 시대에 머물렀던 뉴기니 고지대의 원주민들은 지역마다 민족이 다르고 언어와 관습에도 큰 차이가 있었다. 하지만 이들 원주민들은 하나같이 감자류 중심의 농업에 의지해 생활하고 있었다. 서로 말도 통하지 않는 다수의 민족이 농경문화 기본 복합체에서는 거의 동일한 작물, 재배법 등을 가진 것이다. 하지만 각 민족의 농경의례나 농업에 관련한 사회적 관습 등은 다양하게 변화했다. 즉, 농경문화의 이차적 복합체에는 민족적인 차이가 두드러졌다. 또 농경문화 복합체 이외의 문화 복합체 예컨대 언어, 결혼제도, 가족제도, 사회조직 등에서는 더 큰 차이가 발견되었다.

인도나 아프리카와 같은 다민족, 다언어 국가를 방문하면 다양한 부족 간의 현저한 차이를 뚜렷이 느낄 수 있다. 하지만 현지를 자세히 조사해보면 그런 다민족 국가에서도 농경문화 기본 복합체는 두세 가지에 그칠 뿐 결코 그 이상은 되지 않는다는 것을 알 수 있다. 사실 농경문화 기본 복합체는 석기 시대 이래 현재까지 전 세계적으로 네 가지 계통만 존재하기 때문에 당연한 일이다. 네 가지가 아니라 네 가지 계통이라는 의미는 각각의 계통에서 갈라져 나온 하위 계통이 있기 때문이다. 하위 계통은 항상 지리적으로 구분되며 동일 지역 내에 중복해 존재하지 않는다. 농경문화 기본 복합체는 이렇게 전 세계적으로 다른 종교나 언어 혹은 그 밖의 다른 문화 복합체보다 쉽게 파악할 수 있는 특징이 있다. 그러므로 우리는 기본 복합체의 관점에서 각각의 기원과 발전을 살펴보고자 한다.

그런 면에서 기본 복합체에는 매우 유리한 특징이 있다. 작물의 종류가 '독립 발생한 것인지 전파된 것인지'를 확실히 구별할 수 있다는 점이다. 식물학자와 유전학자들의 연구로 많은 작물의 원종과 원산지가 잇달아 밝혀지고 있다. 원산지 이외의 땅에서 자라는 작물은 당연히 전파된 것이다. 전파 경로는 품종 변화가 나타나는 지리적 분포를 조사하면 신뢰할 만한 수준의 결론을 얻을 수 있다. 이런 방법에 있어 농경문화 기본 복합체는 다른 모든 문화 복합체에 비해 뛰어난 특징을 지녔다.

외국에서는 어떻게 생각했나

유럽과 미국에서도 재배 식물의 기원 연구가 크게 발달했다. 그 역사를 자세히 설명하면 지나치게 길어질 수 있으니 개별적인 작물의 기원과 발달을 다루는 경우를 제외한 주요 논설만 살펴보기로 하자. 그중에서도 니콜라이 바빌로프Nikolai Ivanovich Vavilov의 연구는 매우 중요하다. 그는 지금의 다종다양한 재배 식물의 기원지를 특정한 몇몇 지역으로 한정할 수 있다고 주장했다. 그 지역은 몇 차례의 발표에서 변경되기도 했으나 최종적으로 하위 지역을 포함한 10개 지역을 특정했다. 그 후 이 학설은 주로 영국 학자들에 의해 계승·발전해 그림 2와 같은 결론에 이르렀다. 이 그림에 나타난 것과 같이 각종 재배 식물의 기원은 구세계에서는 완전한 농경문화 일원설로 정리된다. 티그리스·유프라테스 강의 '비옥한 초승달 지대Fertile Crescent'에서 최초의 소맥, 대맥, 완두콩 등의 재배화와 농업이 시작되고 그 영향이 동서로 퍼져 새로운 재배 식물을 탄생시켰다는 견해이다. 예컨대, 최초의 비옥한 초승달 지대부터 페르시아, 중앙아시아, 중국, 동남아시아, 폴리네시아로 농경문화의 물결이 전파되고 그때마다 새로운 재배 식물을 탄생시키는 흡사 도미노 현상이 일어났다는 것이다. 이런 견해는 이 그

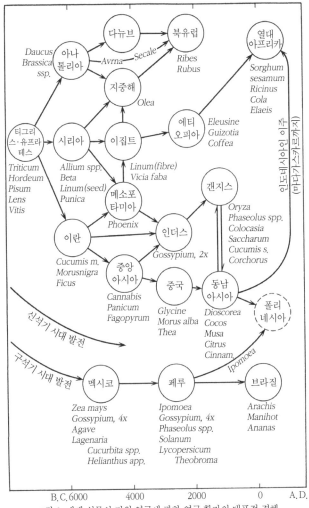

그림 2 재배 식물의 기원 연구에 관한 영국 학자의 대표적 견해

(C. D. Darlington, 1963)

림을 그린 달링턴Cyril Dean Darlington 한 사람의 생각이라기보다 영국의 인류학과 고고학이 오랜 시간 축적해온 지식이 반영된 것으로 충분한 논거도 제시하고 있다. 또한 영국인들이 세계 민족사를 바라보는 관점과도 합치한다는 특징이 있다. 일본의 인문학자들도 대부분 이 견해를 따르는 편이다.

하지만 이 견해는 방법론적으로 결점이 있었다. 문화 요소를 복합체로 보지 않고 뿔뿔이 해체해 자신들의 견해에 들어맞는 요소만을 조합해 전파 경로를 추측했기 때문이다. 인간은 일 년 내내, 매일매일 음식을 먹어야 한다. 농경 문화의 기본 복합체 중 어떤 한 요소라도 빠지면 위장을 채울 수 없게 된다. 특정 종류의 작물과 토기의 형식 혹은 그 문양을 연결해 설명하는 방법도 지나치게 자의적이다. 그보다는 존재하는 모든 기본 복합체를 먼저 조사하고 그 지리 분포로부터 전파 경로나 발생을 추론하는 편이 정도正道가 아닐까. 그렇게 추론한 결과는 이 그림과는 전혀 들어맞지 않는다.

이런 방법은 미국의 학자가 제시했다. 지리학자인 칼 사우어Carl Ortwin Sauer는 생태학을 바탕으로 인류 최초의 농업이 근동에서 동남아시아로 전파되었다는 견해를 펼쳤다.

그의 주장 역시 농경문화 일원설이라고 불러야 할 것이다. 하지만 그의 견해에는 농경문화의 기본 복합체를 파악하려는 태도가 분명히 드러난다. 농업 기원론의 새로운 전개가 아닐 수 없다.

미국 민족학계의 거장 G. P. 머독G. P. Murdock은 1959년 아프리카 원주민들의 문화와 역사에 관해 쓴 저서에서 세계 농업의 4대 기원설을 제기했다. 그는 서아프리카 니제르강 상류에 거주하는 만데 족이 독립적으로 잡곡 중심의 농경문화를 형성했다고 주장했다. 그것은 니그로이드계 인종에 의해 독립 발생한 농업으로 그 밖에 코카소이드계 인종에 의한 근동의 맥류 중심 농업, 몽골로이드계 인종에 의한 동남아시아의 감자류 중심 농업(칼 사우어는 이것이 인류 최초의 농업이라고 생각했다), 그리고 신대륙 농업의 독립 발생을 4대 기원으로 제시했다. 하지만 그는 자신의 견해를 뒷받침하는 자세한 근거를 밝히지는 못했다.

이렇게 인종별로 독립적인 농경문화가 있었다는 견해가 등장하자 구소련에서도 바빌로프 학파의 학설이 다시금 떠올랐다. 오늘날 재배 식물의 기원 연구는 민족학과 고고학이 결합해 인류 최대의 생산 사업인 농경의 역사를 추구하며 세계역사 개념의 재편성을 향해 나아가고 있는 추세이다.

내가 연구를 통해 얻은 결론은 머독의 견해와 매우 가깝다. 아시아의 동쪽 끝 섬나라에서 바라보는 나와 서구, 미국 등에서 바라보는 시각은 다를 수밖에 없다.

나는 아시아 각지와 남태평양의 섬들을 탐사하며 원주민들의 재래 농업과 재배 식물을 조사했다. 그런 체험이 스스로의 견해를 세우는 중심축이 되었다.

일본에서 일본어로 발표된 다양한 학문 분야의 연구는 물론 중국 고문헌 연구의 성과를 이용하는 데는 서양의 학자들보다 유리한 점이 있다. 또 유럽이나 미국의 문헌은 일본에서도 충분히 입수해 이용할 수 있다. 이 점은 일본인으로서 큰 혜택이라고 생각한다. 유럽이나 미국보다 훨씬 풍부한 자료를 바탕으로 연구를 진행할 수 있었기 때문이다.

뉴기니 고지의 고구마 밭. 나무로 만든 뒤지개만으로 고랑을 파고 배수를 해 이렇게 훌륭한 밭을 일구었다. 손에 들고 있는 것은 고구마 수확 전용 뒤지개. 근재 농경문화 발전이 정점에 이른 모습을 보여준다

제2장 근재 농경문화

바나나에서 시작된 농업

바나나는 전 세계적으로 가장 중요한 과일이다. 생산량은 모든 과일 중에서 가장 많다. 사과나 포도나 감귤류보다 더 많은 듯하다. 많은 듯하다는 것은 동남아시아, 아프리카, 중미 등에서 원주민들이 소비하는 양이 압도적으로 많기 때문이다. 통계 조사를 하지 않는 곳이기 때문에 간단히 추산한 결과이다. 바나나를 과일로만 보기에는 다소 무리가 있을 수 있다. 바나나 중에는 감자류처럼 익히거나 구워먹는 종류가 꽤 많다. 바나나의 종류는 매우 다양하다.

최근 이런 바나나의 식물학적 연구가 상당한 진보를 이루었다. 바나나 연구 전문 탐험대가 열대 각지에서 활약하며 놀라운 성과를 거두었다. 오늘날 재배 바나나의 주류는 말레이 반도 부근에서 탄생한 것으로 알려져 있다. 가장 가까운 조상은 야생종인 무사 아쿠미나타Musa acuminata이다. 이 야생종의 커다란 열매 안에는 팥알만 한 크기의 딱딱한 종자가 가득 들어 있다. 맛과 향이 좋지만 이대로는 먹을 수 없다. 바나나가 야생종에서 재배종으로 우량화하는 것은 무종자 과실로 진보하는 것이다. 바나나 재배화의 최초의 진보는 우연히 암술머리에 수분 따위의 자극 없이 열매가 맺혀 발육하는 현상(단위 결과성)을 지닌 변종을 발견

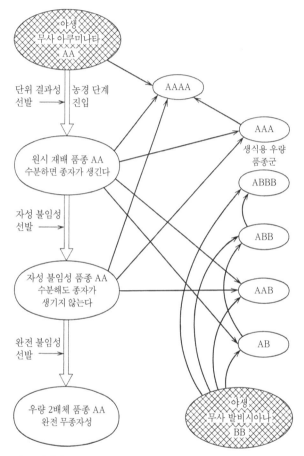

그림 3 바나나 품종군의 발달. A, B는 무사 아쿠미나타와 무사 발비시아나 각각의 유전체를 나타낸다(Simmonds, 1962를 참고하여 수정)

하면서 시작되었을 것이다. 이런 변종만 골라 심고 보호한 것이 인류 최초의 농업이라고 생각하는 사람이 있다. 이 단위 결과성은 그대로 가지고 있으면서 암술의 수정 능력을 상실한 품종에서 무종자성은 더욱 완전해지고 우량한 2배체 품종군이 탄생한다. 뉴기니 토착민들이 재배하는 바나나는 여기에 속하는 종류가 매우 많다. 한편, 그 과정에서 배수체가 탄생하는데 특히 3배체의 무종자성이 뛰어나며 그 밖에도 여러 훌륭한 품종이 만들어졌다. 현재 중남미에서 기업적으로 재배되는 바나나의 표준 품종은 그로 미셸 Gros Michel이라고 불리는 것으로 무사 아쿠미나타의 동질 3배체이다. 이 품종은 암술에 약간의 수정 능력이 남아 있기 때문에 2배체의 완전한 화분을 수정하면 종자를 채취할 수 있다. 일본에서 대만 바나나로 알려진 종류도 무사 아쿠미나타의 동질 3배체 품종이다.

　재배 바나나의 또 다른 조상종은 인도와 필리핀에서 자라는 무사 발비시아나Musa balbisiana라고 불리는 종류이다. 2배체 무사 아쿠미나타의 단위 결과성을 지닌 품종을 재배해 농업이 되면 말레이 반도에서 다른 지역으로 그 품종과 생활법이 함께 전파된다. 그 재배 품종군(당시에는 단위 결과성 외에도 부분 불임성도 나타난다)이 인도와 필리핀까지 전파되

--- 바나나 재배 가능지역 한계
Ⓐ Musa acuminata 재배화 발생지
▨ M. balbisiana와의 교잡 지역

그림 4 바나나의 기원과 전파(Simmonds, 1959년 제작)

면 야생종인 무사 발비시아나와 교잡해 더 복잡한 중간적인 성질의 품종군이 탄생한다. 이렇게 탄생한 잡종성 품종 중에서 병해나 기후에 강한 종류나 요리용으로 적합한 열매를 맺는 품종이 다수 생겨났다. 오늘날 열대 지역의 개발도상국 농가에서 자라는 대부분의 품종이 바로 이런 종류이다.

그 밖에도 재배 바나나 중에는 특이한 종류가 많다. 뉴기니부터 폴리네시아 제도에 걸친 지역에 일부 잔존하는 것으로 알려진 페이 바나나Fei banana라고 불리는 품종이다. 이 종류는 일반적인 바나나와 염색체의 기본수가 다른 그룹이다. 보통 바나나의 염색체 수가 11개인 데 비해 페이 바나나는 10개이다. 바나나 속屬으로는 무척 특이한 것으로 형태적으로도 쉽게 구분된다. 보통 바나나는 축 늘어진 긴 송이에 주렁주렁 열매가 달리지만 페이 바나나는 곧게 뻗은 줄기에 열매가 달리고 줄기를 자르면 붉은 빛깔의 진이 나온다. 이 그룹에도 많은 재배 품종이 있는데 2배체의 단위 결과성을 지닌 품종에서 무종자성 바나나를 얻을 수 있다. 생식하면 맛이 매우 좋다고 하는데 점점 사라지고 있다니 이상한 일이다.

바나나의 품종 개량은 모든 과일 중에서 가장 훌륭한 성과를 거두었다. 열대 지역에서도 드물게 전 계절에 수확할 수 있는 과일이며 무종자 열매라는 점에서 포도나 감귤류 혹은 사과나 복숭아와 달리 크게 발달했다. 바나나는 단위 결과성이라는 유전적 돌연변이를 찾아내 그것을 바탕으로 3배체 중심의 무종자성 열매를 실용화했다. 바나나만큼 배수성을 효과적으로 이용한 과일류는 문명국에서도 찾아보기 힘들다. 대부분 지금은 민족의 이름조차 분명하지 않은 미개발 지역의 토착민들이 이룩한 성과이다. 아마도 무척 오랜 세월이 걸렸을 것이다. 문제는 바로 그 긴 시간이다. 아쉽게도 현대 식물학에서는 바나나의 수많은 품종을 교배해 얻은 결과로 각각의 품종의 역사를 알아내기란 불가능하다. 바나나의 품종군을 총괄적으로 살펴보거나 이집트의 피라미드 시대부터 재배되었다고 밝혀진 포도 등을 참고하면 바나나가 처음 재배된 시기는 굉장히 오래 전이었을 것으로 추정된다. 1만 년 이상으로 추정하는 사람이 있는가 하면 수천 년이라고 생각하는 사람도 있다. 직접적인 증거는 없지만 나는 5천 년 이상일 것이라고 추정한다.

바나나는 말레이 반도 부근에서 동서의 열대 지역으로 전파했다. 동쪽의 멜라네시아와 폴리네시아는 대략 두 가지 경로로 전파되었다. 필리핀에서 무사 발비시아나와 교잡한 품종이 뉴기니 섬을 거쳐 폴리네시아로 전해졌다. 그 과정에서 페이 바나나의 품종군이 탄생해 폴리네시아로 전파되었다. 자바 섬을 경유해 폴리네시아로 전파된 경로는 무사 아쿠미나타의 단순 3배체가 주력이었던 듯하다. 서쪽으로는 미얀마에서 인도에 걸친 지역으로 전파했는데 여기에서 무사 발비시아나와의 교잡 품종군이 탄생했다. 아프리카에는 기원전 2천 년경 무사 아쿠미나타의 순수 품종이 페르시아 연안의 항로(사비안 레인)를 거쳐 상륙했으며 그로부터 약 1천 년 후 무사 발비시아나의 교잡 품종군이 아프리카와 마다가스카르에 도착했다. 신대륙으로 전파된 것은 흔히 콜럼버스 이후 시대라고 추정하지만 그 전에 요리용 품종이 남태평양을 경유해 전파되었다는 설도 제시된다.

최근에는 새로운 육종법이 개발되어 4배체 선발이 진행되고 있으며 그 성과에 거는 기대도 크다. 바나나 생과의 수요는 온대 지역이 가장 높고 잠재 수요 또한 매우 크다. 앞으로 열대 지역의 여러 나라와 온대 선진국들 간의 경제적 결합이 강화된다면 바나나야말로 가장 크게 성장할 가능성을 지닌 농산물이다.

얌

태평양 전쟁이 발발하기 직전인 1941년 여름, 나는 캐롤라인 군도의 포나페 섬에서 수개월 머물렀다. 전쟁 직전의 불안한 심정을 감추지 못하던 나와 달리 섬 주민들의 생활은 여느 때와 다름이 없었다. 그들은 한 해의 절반은 빵나무 열매를 먹고 나머지 절반은 얌을 먹었다. 둘 다 집 주변에 드문드문 심어져 있는 정도였지만 식량이 부족해 곤란을 겪는 일은 없었다.

포나페 섬은 작은 섬이지만 얌 품종이 200개나 되고 그중 50종은 나도 직접 조사할 수 있었다. 얌은 참마의 일종으로 덩굴성의 여러해살이 식물이다. 식물학적으로는 디오스코레아Dioscorea spp. 속에 해당한다. 디오스코레아 속 식물은 모두 덩굴성으로 덩이뿌리를 형성하는 성질이 있으며 이 덩이뿌리는 적절히 가공하면 전부 먹을 수 있다. 습도만 충분하면 열대와 온대 전역에 야생종이 생육하지만 실제 인류가 식용하는 종류는 제한적이다. 그럼에도 매우 많은 종류가 재배화되었으며 야생종을 채집해 식용하기도 한다. 식물계에서 하나의 속에 가장 많은 종species이 식용되고 있는 것이 바로 이 디오스코레아 속이라고 할 수 있다. 이처럼 식용되고 있는 덩이뿌리를 모두 일괄해 얌이라고 부르기로 하자. 일본의 지넨조自然薯나 나가이모長芋도 얌의 일종이다. 세계 각지에서 저마다 특유의 얌이 이용되고 있다는 사실은 표 2를 보면 금방 알 수 있다.

그런데 이렇게 많은 종류의 얌이 모두 인류에게 동등한 가치와 비슷한 재배 역사를 가진 것은 아니다. 이 표에 나타난 얌은 4~5종을 제외하면 지극히 국지적인 존재이다. 하지만 나머지 4~5종은 굉장한 재배 식물이다. 그중에서도 손꼽히는 것이 최근 일본 규슈에 극소수가 도입된 디오스코레아 알라타Dioscorea alata이다. 그 뒤를 잇는 것이 디오스코레아 에스쿨렌타Dioscorea esculenta, 불비페라bulbifera, 펜타필라pentaphylla 그리고 일본과 중국의 온대 지역에서

표 2 얌류(Dioscorea)의 원산지별 재배종 및 식용으로 이용되는 야생종

동남아시아 열대 강우림 지대	오스트레일리아 북부 열대 강우림 지대
D. alata	D. hastifolia
D. esculenta	*D. transversa
D. bulbifera	동아프리카 열대 삼림지대
D. pentaphylla	
D. nummularia	D. dumetorum
D. papuana	서아프리카 열대 삼림지대
*D. hamiltonii	
*D. persimilis	D. cayensis
*D. myriantha	D. rotundata
*D. hispida	D. latifolia
*D. laurifolia	마다가스카르 섬
*D. orbiculata	
*D. piscatorum	*D. maciba
*D. polyclados	*D. bemandry
*D. prainiana	중미 열대 강우림 지대
*D. pyrifolia	
*D. gibbiflora	D. trifida
*D. atropurpurea	*D. altissima
*D. globosa	*D. lutea
*D. luzonensis	남미 열대 강우림 지대
*D. flabellifolia	
동아시아 온대 조엽수림 지대	D. cinnamomifolia
	*D. dodecaneura
D. batatas	*D. glandulosa
D. owenii	*D. hastata
*D. japonica	*D. trifoliata

야생종 중 쓴맛, 독성을 제거한 후 이용되는 것을 포함한다.
*야생형만 남아 있는 종류. 즉, 순수 야생종 혹은 드물게 재배되는 종류

재배되는 디오스코레아 바타타스batatas 즉, 참마류 등이다.

내가 포나페 섬에서 조사한 얌의 여러 품종 중 약 90%는

디오스코레아 알라타에 속하는 종류였다. 이 품종은 줄기

나 잎에 눈에 띄는 변화는 없지만 덩이뿌리의 형태나 용도는 그야말로 천차만별이다. 이 알라타 품종의 진짜 야생종은 아직 발견되지 않았지만 가장 원시적인 형태가 말레이 반도의 인가 근처에서 발견되었다. 이 야생종은 가늘고 긴 덩이뿌리가 땅속 깊이 박혀 있고 감자 표면에 뿌리가 잔뜩 달린 형태로 캐기 힘들고 감자에 달린 뿌리 때문에 조리도 쉽지 않았다. 한편, 포나페 섬의 재배 품종은 감자가 굵고 짧아 캐기 쉽고 줄기 하나에 여러 개의 감자가 달려 있는 것도 있다. 감자 표면에 달린 뿌리도 크게 줄어 먹기 쉬운 형태가 되었다. 이런 형태로 볼 때 감자가 둥글고 표면에 뿌리가 없으며 감자 꼭지에 달린 줄기에만 뿌리가 나와 있는 것이 가장 진보된 형태라고 할 수 있다. 그런데 얌의 품종 개량은 다른 방향으로도 전개되고 있다. 가장 큰 문제는 육질과 맛이다. 육질은 갈았을 때 일본의 참마처럼 미끈거리는 품종과 그렇지 않은 품종이 있다.

미끈거리는 품종은 바나나 잎에 싸서 구우면 빵과 같은 음식이 된다. 그 밖에도 남태평양의 토착민들은 맛에 무척 민감해서 가령 아기 이유식용, 피크닉 도시락용, 추장의 연회용 품종 등으로 다양하게 구분한다. 특히, 연회용은 수년에 걸쳐 크게 키운 품종으로 연회에 내놓으면 자랑거리가

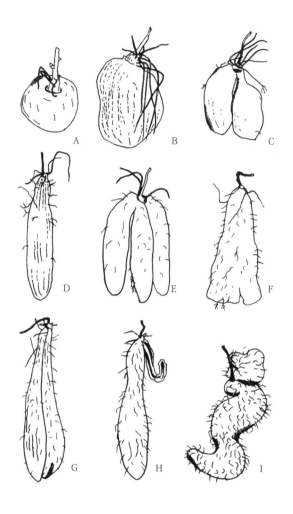

그림 5 포나페 섬에서 재배되는 얌 품종. A~H는 *Dioscorea alata*, I는 종명
불명

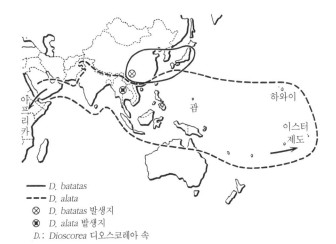

그림 6 얌(*Dioscorea spp.*)의 열대 품종(*D. alata*)과 온대 품종(*D. batatas*)의 분포. 두 종류는 분포 지역이 명확히 나뉜다(Burkill, 1924를 참고해 수정)

된다. 이렇게 다양한 용도에 풍산성, 내습성, 조만성 등을 조합하면 포나페 섬 주민들은 한 집에서 20여 종 이상을 재배해야 한다. 그렇기 때문에 포나페 섬에는 200여 개나 되는 얌 품종이 있다.

얌은 바나나와 마찬가지로 말레이 반도에서 오세아니아, 아프리카까지 전파되었다. 가장 널리 전파된 품종은 디오스코레아 알라타이며 디오스코레아 에스쿨렌타가 그 뒤를 잇는다. 디오스코레아 불비페라는 조금 다른 양상을 나타낸다. 분포 지역은 알라타와 거의 비슷하지만 지금은 농가 주변에서 반 야생 상태로 발견되는 경우가 많고 일부러 재배하지 않는다. 둥근 감자는 쓴맛이 강해 가공하지 않으면 먹기 힘들다. 이 품종에는 주먹만 한 크기의 커다란 주아珠芽가 달리는데 이 주아를 이용하는 것이 더 쉽다. 디오스코레아 불비페라와 같이 과거에는 자주 이용되고 널리 전파했지만 그 후 방치되어 야생 상태로 자라는 재배 식물을 잔존 작물Relic crop이라고 한다. 이런 잔존 작물의 예는 다수 찾아볼 수 있다.

얌 중에는 이렇게 쓴맛이 나거나 독성이 강한 종류가 있다. 인도에서 말레이 반도에 걸친 지역에서 자생하는 디오스코레아 히스피다Dioscorea hispida는 크고 캐기 쉬운 감자가 달리지만 강한 독성이 있다. 원주민들은 식량이 부족할 때 이 감자를 캐먹었다. 독성을 제거하는 방법은 일단 감자를 쪄낸 후 흐르는 물에 담그는 것이다. 잔존 작물로 남은 디오스코레아 불비페라의 쓴맛을 없앨 때도 이 방법을 사용한다. 먼저 가열한 뒤 물에 담그는 이 방법은 감자를 날것 그대로 갈아서 물에 담그는 간단한 방법과 큰 차이가 있다. 갈아서 물에 담그는 것은 사고야자나 칡의 녹말을 채취할 때 사용되는 방법으로 지극히 평범한 방식 같지만 인류의 음식사에서도 손꼽히는 기술적 성과이다. 이 방법은 동

표 3 얌(Dioscorea spp.)의 말레이 명칭(ubi)의 분포(Burkill, 1924, 참조)

마다가스카르	Ovi
말레이	Obi, Ubi
수마트라	Ubi
필리핀	Ubi
보르네오	Owi, Ovi
사라왁	Ubi, Ubih, Ube, Ubei, Ubai, Uve, Uke, Uki, Ovi, Ove, Owe
홍터우(란위) 섬	Uvi
바타네스 제도	Uvi
자바	Ubi, Owi, Wi, Huwi, Uwi
순다 열도	Huwi, Uwi
셀레베스	Ubi, Uwi, Uhi, Owi, Ohu, Ohuhu
암본 섬	Ubi
몰루카 제도	Ubi, Uhi
티모르	Ufi, Hiwu
뉴기니	Wili, Wiwi, Wiwiak
뉴칼레도니아	Ubi, Ufi
뉴질랜드	Uwi, Uwhi
피지 제도	Uvi
통가 제도	Ufi
타히티	Ufi, Uhi
마르케사스 제도	Uhi
미얀마	U
중국	우(芋), 여(蕷)
일본	우모(ウモ), 이모(イモ)

남아시아의 온대 지역에서 개발되어 완성된 것으로 알려졌으며 아프리카나 신대륙에서는 거의 발달하지 않았다. 대신 신대륙 고지대에서는 감자류의 동결, 제독, 건조법이 개발되어 큰 성과를 올렸다.

흥미로운 사실은 말레이 인들이 사용하는 얌의 명칭이

함께 전파되었다는 것이다. 말레이 인들이 사용하는 얌의 표준 명칭인 우비ubi는 마다가스카르부터 하와이까지 널리 퍼졌다. 이런 현상은 얌이 얼마나 널리 전파되었는지를 보여준다. 그렇게 얌은 여러 지역에 우비라는 이름을 남겼다. 그 시기는 기원 전후 무렵 말레이 반도 부근에서 벼농사가 시작된 때일 것으로 추정된다.

타로감자

타로감자에 대해 들어본 사람은 많지만 실제 어떤 것인지는 모르는 경우가 많다. 일본의 토란을 타로감자라고 생각하는 사람도 있다. 이는 소맥과 대맥을 혼동하는 것이나 다름없다. 타로감자는 의외로 많은, 형태가 비슷한 식물의 총칭이다. 보리나 잡곡 같은 개념에 가까운 명칭이다. 동남아시아 기원의 타로감자는 표 4에서 볼 수 있듯 재배종, 야생종을 포함해 꽤 많은 종류가 있다. 여기에는 다른 속 식물도 포함되어 있지만 모두 천남성과 식물이다. 일반인들의 눈에는 전부 토란과 비슷하게 보일 것이다. 이렇게 많은 타로감자의 종류 중 가장 분포가 넓고 중요한 식물이 토란Colocasia antiquorum이며 다음으로 재배 지역이 넓은 종

표 4 동남아시아 원산 타로감자류

종류	분포	감자식용	줄기식용	약용
Colocasia antiquorum	인도, 말레이시아, 중국, 일본, 멜라네시아	+	+	-
C. gigantea	미얀마, 말레이시아, 일본	+	+	-
Cyrtosperma edule	멜라네시아, 미크로네시아	+	-	+
C. merkusii	필리핀, 말레이(야생)	+	-	-
C. lasioides	보르네오(야생), 말레이(야생)	-	-	+
Alocasia macrorrhiza	인도, 말레이시아, 멜라네시아	+	-	+
A. cuculata	인도, 미얀마(야생)	+	-	-
A. denudata	말레이(야생), 보르네오(야생), 인도	-	-	+
A. indica	오세아니아, 말레이(야생)	+	+	-
Lasia spinosa	인도(야생), 남중국(야생), 말레이(야생)	-	+	+
Homalomena spp.	말레이시아(야생), 뉴기니(야생)	-	-	+
Typhoninum trilobatum	말레이시아, 동남아시아(야생)	+	-	-
T. roxburgii	실론, 말레이시아(야생)	-	-	+
Schismatoglotis calytrata	미얀마, 뉴기니	+	+	-
S. wallichii	말레이	+	-	-

이 표는 잠정적인 것으로, 여전히 많은 의문이 있다. 현재로서는 완전한 표를 만드는 것은 불가능할 것이다

류는 인도부터 오세아니아에 걸친 지역에서 재배되는 알로카시아 인디카Alocasia indica이다. 그 뒤를 잇는 사이토스페르마Cyrtosperma spp.나 스키스마토글로티스Schismatoglottis sp.는 동남아시아에서 국지적으로 재배되고 있다.

일본인은 토란에 대해 잘 안다고 생각할지 모르지만 실

은 그렇지 못한 면도 많다. 야생 토란은 벵골 만의 다습한 열대 지역의 반음지에서 많이 생육한다. 콜카타에서는 공항에서 도심으로 들어가는 차 안에서 야생 토란을 볼 수 있다. 이 야생 토란은 크기가 작고 장딸기 덩굴처럼 1미터가 넘는 기는줄기를 뻗는 특징이 있다. 줄기의 굵기는 새끼손가락 정도이다. 남쪽에는 재배화된 품종 중에도 이렇게 기는줄기를 뻗는 종류가 많으며 이 줄기를 식용으로 이용하기도 한다. 또 남쪽에는 물토란이라고 불리는 수전 재배용 토란도 있다. 다만, 수전 재배가 원칙인 사이토스페르마와 혼동해서는 안 된다. 토란은 어미 토란용 품종, 새끼 토란용 품종 등의 다양한 구분이 있지만 어미 토란형이 원형이다. 일본의 토란은 2배체 품종군과 3배체 품종군으로 나뉘며 형태도 그에 대응하지만 동남아시아나 오세아니아 토란의 3배체 품종과 일본의 품종은 형태적으로 맞지 않는다. 4배체 품종도 존재한다.

오늘날 토란 품종이 가장 풍부하고 경제적으로도 중요한 의미를 지닌 지역은 인도 아삼 주의 나가 구릉지대로 그곳에는 토란을 주식으로 이용하는 부족도 있다. 말레이 반도 이동以東의 섬들에는 토란의 품종이 그리 많지 않다. 그 섬에서 야생하는 토란은 잔존 작물로 판단되는 경우가 많다.

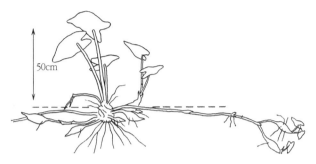

그림 7 야생 토란(반 라테라이트화 적토, 완전 일조, 가까이에 개화 중인 그루 다수). 기는 줄기를 뻗어 번식한다. 인도, 아삼 주 티타바르

이들의 상태를 종합하면, 토란은 바나나나 얌의 기원지인 말레이 반도 부근이 아니라 조금 더 서쪽에 위치한 미얀마, 아삼 부근이 기원일 가능성이 크다.

콜카타의 변두리 지역, 흡사 슬럼가와 같은 동네 주변에서는 줄기가 1미터나 되고 잎과 잎자루까지의 길이가 3미터에 달하는 거대한 타로감자를 종종 볼 수 있다. 이것은 토란이 아니라 알로카시아 인디카Alocasia indica이다. 이 1미터나 되는 줄기가 바로 감자에 해당하는 부분인데 보통은 먹지 않는다. 이 식물은 구황식으로 사용되며 독성이 있기 때문에 가열 후 물에 담그는 방식으로 독성을 제거한다. 동남아시아에서 감자를 그대로 갈아서 물에 담그는 방법 대신 가열 후 물에 담그는 방법이 타로감자나 얌과 결합했다는 것을 확인할 수 있다. 알로카시아 인디카는 동쪽 즉, 말레이시아에서 오세아니아 제도로 전파되었으며 이들 지역에서 식용에 적합한 재배 품종이 발견되었다. 통가 섬에는 크기는 조금 작지만 쓴맛이 없어 식용하기 좋은 품종이 대량으로 재배되고 있다.

사이토스페르마 속의 타로감자는 필리핀보다 동쪽에 있는 미크로네시아나 멜라네시아 등에서 국지적으로 중요한 작물로 정착했다. 미크로네시아의 야프 섬 주민들은 사이토스페르마의 수전 재배를 생업으로 삼고 있다.

타로감자의 재배 품종에는 다양한 변이가 있기는 하지만 바나나나 얌에 비하면 원시적이라고 할 수 있다. 그렇기 때문에 재배화된 시기도 바나나나 얌보다 훨씬 최근이라고 생각된다. 타로감자는 오세아니아의 하와이까지 전파되었지만 오세아니아의 재래농업에 있어 그 중요도는 크게 높지 않다. 아프리카에 전파된 타로감자에 대해서는 품종에 관한 상세한 자료가 없기 때문에 자세한 사정을 파악하기 어렵다.

사탕수수

사탕수수를 주요 식품으로 다루는 것을 의아해하는 사람도 있을지 모르지만 동남아시아의 열대 지역에서 사탕수수는 식품으로서 중요한 위치를 점한다. 사탕수수의 생즙은 당분은 물론 비타민이 풍부하고 단백질도 함유되어 있는 우유 다음으로 뛰어난 영양 식품이다. 사탕수수에서 당분만 추출해 굳힌 자당은 우유의 지방을 추출해 만든 버터에 비교될 만한 훌륭한 제품이다. 사탕수수는 인류가 개발한 가장 가치 있는 작물 중 하나로 밀, 벼, 옥수수 등과 나란히 앞으로도 꾸준히 발달할 생장 작물이라고 할 수 있다. 사탕수수의 미래적 가치는 단위 면적당 칼로리 생산량이 높고 재배, 수확, 관리가 기계화에 적합한 점에 있다. 다만, 기술적으로 뒤처진 열대 후진 지역에서 주로 생산되고 있는 현 상황으로서는 본래의 능력을 충분히 발휘하고 있지 못하다. 열대 지역의 문화와 문명이 발전하면 사탕수수는 온대 작물을 압도하게 될 것이다.

문헌에 따르면, 사탕수수에서 추출한 설탕은 인도에서 유럽으로 전해졌다고 한다. 그렇다면 고대 인도의 사탕수수를 먼저 살펴보아야 할 것이다. 그런데 인도 재래의 사탕수수 품종은 오늘날의 우량 사탕수수 품종과는 다소 차이

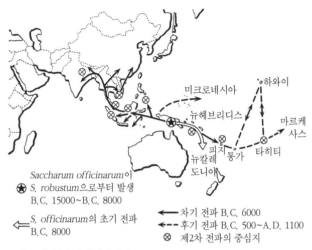

미크로네시아

하와이

뉴헤브리디스

마르케사스

피지 통가 타히티

뉴칼레도니아

*Saccharum officinarum*이
★ *S. robustum*으로부터 발생
B.C. 15000~B.C. 8000

← *S. officinarum*의 초기 전파
B.C. 8000

◀─── 차기 전파 B.C. 6000
◀- - - 후기 전파 B.C. 500~A.D. 1100
⊗ 제2차 전파의 중심지

그림 8 사탕수수의 발생과 전파(E. Arschwager & E. W. Brandes, 1958)

가 있으며 중국의 재래종도 당도가 낮고 줄기가 가늘어 수
확량이 적었다. 지금의 사탕수수 산업을 지지하는 품종군
은 말레이시아 원주민들이 재배한 우량 품종군인 노블 케
인Noble cane을 바탕으로 네덜란드인이 자바 섬의 파수루안
시험장에서 야생종 등과 교배해 만든 품종이 기초가 되었
다. 사탕수수의 우량 품종군이 탄생한 곳은 말레이시아 지
역이다.

그런데 말레이시아 지역에는 노블 케인의 직접적인 조상
종으로 추정되는 야생종이 없다. 야생 사탕수수에는 다양

한 품종이 있는데 그중 어느 것도 노블 케인의 조상종이라고 할 만한 종류가 없었던 것이다. 그런데 미국 식물 탐험대의 브란데스E. W. Brandes 박사가 뉴기니에서 뜻밖의 발견을 했다. 사카럼 로부스텀Saccharum robustum을 발견한 것이다. 사카럼 로부스텀은 줄기가 굵고 튼실한 야생 사탕수수로 노블 케인과 비교하면 줄기 속 당분이 옅은 것이 가장 큰 차이라고 할 수 있을 정도로 유사하다. 뉴기니 남쪽 연안의 원주민들이 집 주변에서 재배하는 사탕수수는 줄기가 4미터가 넘을 정도로 잘 자란다. 그 근처의 정글과 경작지 사이에서 자생하고 있는 사카럼 로부스텀이 발견된 것이다. 뉴기니 각지에서 자생하는 사카럼 로부스텀을 한데 모아 비교하자 다양한 변종이 발견되었다. 그중에서 재배종 사탕수수가 탄생했을 것이라는 해석이 나왔다. 브란데스 박사는 자신의 발견을 근거로 사탕수수의 뉴기니 기원설을 주장하며 전파 경로를 설명했다. 그는 그 기원을 기원전 15000~8000년으로 추정했지만 이 연대에 관한 확실한 근거를 제시하지는 못했다. 어쨌든 사탕수수는 바나나, 얌과 함께 인류 최고最古의 작물 중 하나로 보아도 무방할 것이다.

열대의 축복

동남아시아의 열대 지역은 식물의 생장에 필요한 최적의 온도와 습도를 갖춘 축복받은 세계이다. 그런 환경을 식물 생태학 용어로는 열대 강우림이라고 한다. 사람의 손이 닿지 않으면 육지는 대부분 이 삼림에 뒤덮일 것이다. 그리고 그런 환경은 인류가 활동을 시작했을 무렵의 자연이기도 했다.

열대 강우림의 식물계는 놀라운 풍산성과 다양성이 넘치는 세계이다. 그런 환경에 정착한 원시인들은 곳곳에서 감자나 열매 등의 식량을 얼마든지 구할 수 있었을 것이다. 수렵이나 방목에 의지하지 않으면 식량을 구하기 힘든 건조지나 북방의 한랭지와는 완전히 다른 세계이다. 원시인들은 바나나, 얌, 타로감자, 사탕수수와 같은 식물을 쉽게 구할 수 있었을 뿐 아니라 인류 최초의 재배도 시작했을 것이다. 그리고 그것은 품종 개량이라는 측면에서 보면 고도의 수준에 도달했다.

동남아시아의 열대 강우림에서 발견되어 농작물로 발전한 식물은 이 네 가지뿐만이 아니다. 그 밖에도 수많은 재배 식물이 탄생했다. 그중 하나가 카레의 재료로 알려진 덩이뿌리이다. 카레는 고기, 감자, 밀가루 그리고 특유의 노

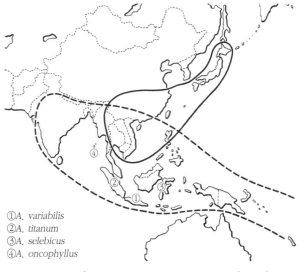

①A. variabilis
②A. titanum
③A. selebicus
④A. oncophyllus

—— A. Konjac 곤약   --- A. companulata 인도 곤약
A. : Amorphophallus 곤약 속

그림 9 식용화된 구약감자류의 분포. 각종 구약감자류 중 곤약과 인도 곤약은 재배화되었다

란 빛깔과 풍미를 내는 덩이뿌리의 분말을 넣어 만든 음식이다. 영어로는 터메릭Turmeric, 한자로는 울금鬱金이라고 부르는 분말이다. 이 분말은 생강과에 속하는 커큐마 롱가 Curcuma longa라는 바나나 나무의 축소판처럼 생긴 식물의 덩이뿌리를 건조해 가루로 만든 것이다. 이 식물은 순수한 재배 식물로 야생종은 아직 발견되지 않았다. 꽃이 펴도 종자를 맺지 않는다. 고대부터 재배되었다고 알려진 이 덩이

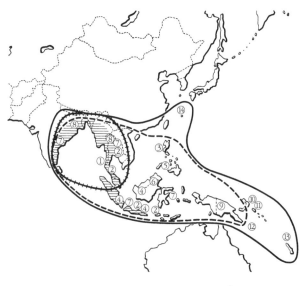

① *C. aequatorialis*　　　⑧ *Phonix acaulis*
② *C. mitis*　　　　　　⑨ *M. oxybracteatum*
③ *C. cumingii*　　　　⑩ *M. bougainvillense*
④ *C. rumphiana*　　　⑪ *M. solomonense*
⑤ *A. ambong*　　　　⑫ *M. warburgii*
⑥ *A. undulatifolia*　　⑬ *M. vitiense*
⑦ *Corypha utan*　　　⑭ *Arenga engleri*

≡≡≡ *Arenga pinnata*

───── 사고야자 재배 한계 지역　　　┌ *Meteroxyron sagus* 참사고야자
━┿━┿━ *Caryota urens* 공작야자　　　└ M. rumphii 가시 사고야자
C. : *Caryoto* 공작야자 속　　　　*M.* : *Meteroxyron* 사고야자 속

그림 10 사고야자류의 분포

뿌리의 분말은 다양한 용도로 쓰인다. 염료로도 유명한데 남양의 토착민들은 이 분말을 이용해 온몸에 기묘한 칠을 하기도 했다. 미크로네시아에서는 염료로 쓰이는 분말의 운송이 섬을 오가는 항해의 주된 목적이었다고도 한다.

요리용으로 사용하는 것은 역시 인도가 본고장인 듯 보이며 인도에서부터 말레이시아로 전파되었을 것이다. 카레의 재료로 쓰이는 이 작물은 의외로 오랜 역사를 지녔다. 이 커큐마 속은 인도부터 말레이에 걸친 지역에 많은 근연종이 있으며 그중 몇 종은 재배화되고 야생종을 이용하기도 한다. 카레용이 아닌 덩이뿌리에서 녹말을 채취해 식용하는 종류도 있다. 녹말을 채취하는 방법은 사고야자 등과 마찬가지로 덩이뿌리를 빻아 물에 담그는 방식이 쓰였다.

카레가 일본에 보급된 것은 메이지 시대 이후였지만 성격이 비슷한 생강은 일찍이 역사 시대가 시작된 무렵 중국과 일본에 도래했다. 온대 기후인 일본이나 중국의 생강은 품종적으로 매우 단조롭지만 인도나 말레이 부근에서는 다양한 품종 분화가 일어났다. 생강 역시 야생종이 아직 밝혀지지 않은 재배 식물이지만 그 기원은 울금과 거의 동일한 장소에서 동일한 시대에 탄생했다고 보아야 할 것이다. 생강이 추위에 더 강하기 때문에 일찍 온대 지역으로 전파되었을 것이다.

이런 성격의 감자류들이 다양하게 존재한다. 타카Tacca spp.라고 하는 식물은 폴리네시아의 작은 산호섬에서 말레이시아, 인도, 아프리카까지 전파되어 잔존 작물로 남아 있거나 재배화되었다. 타카는 순수한 열대 식물이기 때문에 온대 지역으로는 전혀 전파되지 않았다. 이런 예로 가장 흥미로운 식물이 바로 구약감자류이다.

구약감자류의 재배 식물로는 열대성 인도 곤약Amorphophallus campanulatus과 온대 지역에서도 재배가 가능한 곤약A. konjac이 있다. 지름이 수십 센티미터나 되는 거대한 감자가 달리는 인도 곤약은 이름 그대로 인도가 주요 산지이다. 말레이 이동에서는 점점 자취를 감추고 서부 폴리네시아의 섬들에서 간혹 잔존 작물로 발견된다. 인도 곤약은 성분상 일본에서 주로 식용하는 곤약의 대용은 될 수 없다고 한다. 동아시아의 온대 지역에서 재배되는 곤약은 인도차이나 반도가 원산지로 알려져 있다. 중국, 일본에서는 석회유를 넣고 끓인 뒤 굳혀서 가공한다. 그 밖에는 말레이시아 제도에서 야생 상태의 곤약을 채집해 식용하는 예를 드물게 볼 수 있다. 구약감자류는 모두 독성이 있기 때문에 가공하지 않으면 먹을 수 없다. 주목해야 할 것은 구약감자류의 가공법이 일본의 경우를 포함해 모두 직접 물에 담그는 방법이 아니라는 점이다.

동남아시아 열대 강우림 지대의 풍부한 식물 생산을 보여주는 사례는 이 밖에도 많다. 굵은 줄기에서 녹말을 채취하는 사고야자도 그런 예이다. 야자나 소철류 중에는 꽃이 필 무렵 굵은 줄기 안에 녹말을 축적하는 종류가 많다. 그것을 채취한 것이 사고 녹말이다. 가장 유명한 것은 참사고야자Metroxylon sagus로 말레이시아부터 뉴기니에 걸친 지역에는 참사고야자와 그 근연인 가시 사고야자를 주식으로 이용하는 사람들이 널리 분포한다. 사고야자는 자연 조건이 좋은 곳에서는 최소한의 노동력으로 풍부한 식량을 얻을 수 있는 식물이다. 한 해에 일주일만 일하면 그 해 먹을 식량을 확보할 수 있는 것은 사고야자뿐이다. 다만, 이렇게 쉽게 식량을 얻는 원주민들이 문화와 문명의 진보는커녕 지독히 가난한 생활을 한다는 것도 주목해야 할 지점이다.

사고 녹말을 수확할 수 있는 혹은 때때로 수확이 가능한 야자류는 의외로 많은데, 이런 야자류는 인도에서도 벵골만 주변부터 히말라야 저지대에 주로 분포한다. 드물게 사고 녹말 수확이 가능한 야자류들은 주민들이 미리 알고 필요할 때에만 녹말을 채취한다. 사고 녹말은 물에 직접 담그

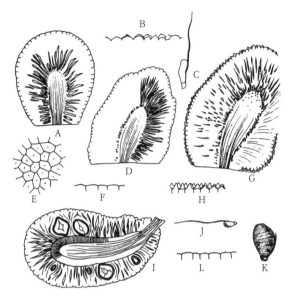

그림 11 빵나무 열매. A~F는 무종자, 감미 품종. G, H는 무종자, 담미 품종.
I~L은 유종자 품종

는 전형적인 방식을 이용하기 때문에 다양한 도구가 필요
하다. 특히, 통이나 도끼는 꼭 필요한 도구이기 때문에 어
느 정도의 문명 기술이 전제가 된다. 사고야자를 이용한 생
활 방식이 결코 원시적인 생활이 아니었다는 방증이다.

　마지막으로 빵나무에 대해 살펴보고 이 장을 마치고자
한다. 빵나무야말로 남태평양의 낙원을 만드는 식물이다.
집 주변에 빵나무 스무 그루만 있으면 반 년 정도는 한 가족

이 아무 고생 없이 끼니를 해결할 수 있을 정도이다. 빵나무는 뽕나무과에 속하는 아르토카르푸스 인치자Artocarpus incisa라는 소교목이다. 빵나무는 바나나 다음으로 품종 개량이 발달한 식물이다. 대개 종자가 있는 품종과 종자가 없는 품종군으로 구분한다. 종자가 있는 품종은 주로 말레이시아부터 멜라네시아 지역에 분포하며 종자가 없는 품종은 폴리네시아 제도에서 흔하게 볼 수 있다. 무종자성 빵나무는 바나나와 같이 3배체로 개량된 품종 개량의 성과이다.

빵나무 열매는 약간의 독성과 진이 있기 때문에 보통은 돌에 구워 먹는다. 구운 열매는 감자와 빵의 중간 정도의 식감이 되기 때문에 주식으로 먹기에 적합하다. 종자가 없는 품종군은 또 다시 두 종류로 크게 나뉘는데, 열매 표면이 매끈하고 단맛이 많은 품종과 크기가 크고 표면에 요철이 있으며 담백한 맛이 나는 품종이다. 크기가 큰 쪽이 생산성이 높은 품종이 많다. 반 년 동안 빵나무만 먹으려면 성숙기가 서로 다른 다양한 품종이 필요하기 때문에 굉장히 많은 품종이 발달했다. 그림 12에서 볼 수 있듯 열매뿐 아니라 잎의 모양도 무척 다양하다.

빵나무는 말레이시아 동쪽의 섬에서 재배화되고 거듭된 품종 개량을 거치며 폴리네시아 제도로 전파되었을 것이

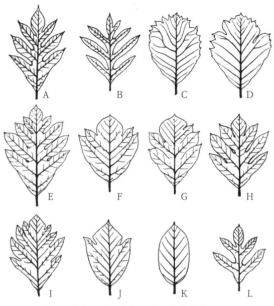

그림 12 빵나무 품종에 따른 잎 모양의 차이(포나페 섬)

A, B 무종자 감미 품종(Mai-nuwe),   A: 성목,   B: 유목
C, D 무종자 감미 품종(Mai-teit)
E, F 무종자 담미 품종(Lukuwal),   E: 성목,   F:유목
G   무종자 감미 품종(Mai-n-wol)
H   무종자 담미 품종(Meip-kot)
I~L 유종자 품종(Mai-kole)

다. 그 과정에서 다양한 무종자 품종군이 탄생한 것이다.
폴리네시아에서는 경제적으로 가장 중요한 작물이 되었으
며 타히티 섬의 빵나무의 매력은 바운티 호 반란 사건을 일
으키는 원인이 되었을 정도이다.

네 작물의 조합

동남아시아의 열대 강우림 지역에서 바나나, 얌, 타로감자, 사탕수수의 네 가지 재배 식물을 개발한 것은 인류 생활사의 혁명 중 하나였다. 이 네 가지 작물을 조합한 농업체계는 강력하고 안정된 식량 생산을 가능케 했다. 농업 생산에 의지한 경제가 성립하면서 비로소 인류는 구석기 시대의 채집 경제를 벗어나 비약할 수 있게 되었다. 이 농경문화를 근재 농경문화라고 한다. 녹말질의 감자류 재배가 중대한 특색이기 때문에 근재根栽(감자류 재배)라는 말이 사용된 것이다.

그런데 이 감자류 재배 중심의 농경문화는 동남아시아 열대 강우림 지역에서만 발생한 것은 아니다. 지중해 연안 지대(맥류 농경의 기원지)나 아프리카의 사바나 지대 그리고 동일 환경인 아프리카 콩고의 열대 강우림 지대도 아닌 신대륙에서 동남아시아에서 발생한 근재 농경문화와 매우 흡사한 성격의 근재 문화가 성립한 것이다.

즉, 근재 농경문화는 동남아시아 기원과 신대륙 기원(이것은 내용이 조금 복잡하다)의 두 유형이 존재한다는 것이다. 그런 이유로 만약 동남아시아의 근재 농경문화만을 특정할 경우에는 '우비ubi 농경문화'라고 부르고자 한다. 앞서 이야기했듯 동남아시아에서 탄생한 얌이 우비라는 이름과 함께 남태평양에서 아프리카까지 전파되면서 전형적인 근재 농경 문화 복합체를 형성했기 때문이다. 그러면 얌은 전파되었지만 우비라는 이름이 쓰이지 않은 인도는 제외하게 되는데, 인도는 현재 다른 농경문화 복합체가 주력이 된 지역이기 때문에 크게 문제는 되지 않을 것이다.

우비 농경문화는 이 네 가지 기본적인 작물 외에도 앞서 이야기한 감자류와 과실류를 개발하며 농경 단계로 진화한다. 워낙 뚜렷한 특색을 지녔기 때문에 지중해 지역에서 발생한 맥류 중심의 농경문화의 영향으로 동남아시아의 근재 농경문화가 성립했다는 영국 학자들의 주장은 도저히 받아들이기 힘들다. 두 농경문화의 기본 복합체는 근본적으로 다르며 아무 관련도 없다. 먼저, 동남아시아 근재 농경문화의 특색을 설명하기로 하자.

(1)무종자 농업이다. 바나나나 빵나무가 무종자라는 의미가 아니다. 근재 농경문화의 농업은 종자를 이용하지 않는다. 모든 작물의 번식은 영양 번식 즉, 뿌리나눔, 꺾꽂이 등으로 이루어진다. 이것은 미국의 칼 사우어가 주장한 내용으로 근재 농경문화의 특색을 매우 잘 드러낸다. 맥류 재

배 중심의 농경문화는 종자 전문 농업이다. 만약 그 영향으로 근재 농경문화가 성립했다면 모든 작물에 종자 번식법이 전혀 사용되지 않았을 리 없다. 이 무종자 농업은 인류가 식물의 종자 번식에 대해 인식하지 못한 단계에 시작되었을 것이다.

　(2)배수체 이용이 진보했다. 우비 농경문화의 주요 작물은 품종 개량이 다면적일 뿐 아니라 고도로 발달했다. 품종 개량에 의한 배수체 이용은 근대 육종학의 관점에서도 경탄할 만한 수준이다. 바나나는 3배체가 주력이며 4배체도 있다. 빵나무는 3배체를 사용해 다양한 종류의 무종자 열매를 만들어냈다. 고배수체 이용의 예로는 얌의 주력 품종인 디오스코레아 알라타를 들 수 있다. 이 품종은 대부분 8배체이며 14배체까지 있다. 사탕수수도 고배수체 작물로 근대 육종법으로 탄생한 품종까지 포함하면 14배체까지 다양한 배수체가 있다. 타로감자의 주요 품종인 토란은 3배체 품종으로 4배체도 보고되어 있다. 이처럼 동남아시아의 근재 농경문화는 세계의 다른 어떤 농경문화보다 혹은 근대 육종 기술의 성과보다 더 많은 배수체 품종을 육성했다. 이는 근본적으로 영양 번식이라는 농경 방식이 배수체 이용에 유리한 조건을 제공했다고 볼 수 있다. 물론, 배수체를

선발한 재배자의 빼어난 감각과 능력도 빼놓을 수 없다.

(3)두류와 유료 작물이 없다. 감자류 중심의 근재 농경 문화에는 곡물이 없다는 특징이 있지만 두류와 유료 작물이 없다는 점도 중요한 특징이다. 특히, 두류는 근재 문화의 발생지에 폭넓게 야생하며 다른 농경문화가 전파되었을 때 재배화되기도 했다. 예컨대, 말레이시아 지역에서는 벨벳콩Mucuna pruriens 등이 벼와 함께 전파되어 재배화되었다. 그런데 그보다 먼저 존재했던 근재 문화에서는 두류를 작물화하지 않았다. 지금도 전형적인 근재 농경문화를 간직한 뉴기니 고지의 원주민들은 외부로부터 오직 한 종류의 콩을 받아들였을 뿐이다. 그것은 아프리카 원산의 날개콩Psophocarpus tetragonolobus으로 뿌리에 달리는 감자를 캐먹었다. 두류라기보다는 감자류로 받아들였다고 보는 편이 맞을 듯하다. 이는 근재 농경문화가 두류에 무관심했다는 방증이다.

곡류는 물론 두류나 유료 작물도 없고 녹말질과 당분에 집중된 근재 농경문화의 작물 체계는 영양적인 면에서 불균형한 것이 사실이다. 그런 식사 내용을 개선하기 위해서는 소규모 수렵이나 어획이 필요하다. 이런 점에서 볼 때, 근재 농경문화는 배부르게 먹는 데는 성공했지만 영양 밸

런스 면에서 농업 이외의 보조 식량이 요구되는 결점이 있었다.

(4) 뒤지개 농업. 동남아시아 근재 농업의 농기구는 나무로 만든 뒤지개뿐이다. 그 밖에는 나무를 벨 도끼만 있으면 다른 것은 필요 없다. 뒤지개는 끝을 뾰족하게 만든 나무 막대이다. 모양은 단순하지만 사용법은 다양하다. 얌 캐기 전용, 화전 개간용, 도랑 파기용 등의 사용법에 따라 분화했다. 막대 끝을 뾰족하게 만들 때는 도끼를 이용하기도 하지만 불에 달궈 끝을 뾰족하게 만들기도 했다. 근재 농업은 농사부터 음식의 조리까지 돌도끼 하나만 있으면 금속이나 토기 없이도 성립하는 농경문화이다. 실제 남태평양이나 뉴기니에는 아직도 그렇게 생활하는 사람들이 있다. 그야말로 석기시대에 적합한 농업이지만 작물의 품종 개량에 있어서는 원시적이기는커녕 굉장히 진보했다.

뒤지개로 씨를 뿌리면 도구의 특성상 자연히 점파點播(일정한 간격을 두고 종자를 점점이 뿌려 심는 방법-역주)가 된다. 조파條播式(종자를 줄지어 뿌리는 방법-역주)나 산파散播(종자를 경지 전면에 고르게 뿌리는 방법-역주)는 어렵다. 후에 점파는 소파巢播 즉, 한 곳에 여러 개를 심는 방식으로 바뀌며 뒤지개로 경작하는 밭의 특징이 되었다.

Banana, Kape, Talo, Coconut, Papaya, Si, Bread fruit, Pandanus, Yam, Kape, Banana
———— 2년차 밭 ———   ——— 1년차 밭 ————

그림 13 통가 섬의 텃밭형 농경의 모식도. 이 섬의 텃밭형 농업에는 윤작 체계의 원형이 잘 보존되어 있다. 과실나무며 야자류 사이에 반음지에서도 잘 자라는 다년생 작물을 혼작했다
Kape : *Alocasica indica*, Talo : *Colocasia antiquorum*, Si : *Cordyline terminalis*(호리타, 1962)

(5)텃밭에서 화전으로. 근재 농업에서는 어떤 밭을 일구었을까. 오늘날 우리가 생각하는 밭과는 다소 달랐을 것으로 보인다. 지금도 남태평양의 외딴 섬 등에서 볼 수 있는 텃밭형Kitchen Garden 농업 방식이다. 예컨대, 집 주변에는 빵나무 몇 그루와 야자류가 있고 얌 넝쿨이 거기 얽혀 자라고 있다. 또 나무 아래에는 반음지에서도 잘 자라는 각종 타로감자류가 아무렇게나 자라고 군데군데 바나나와 사탕수수 몇 그루와 채소로 이용되는 잡초가 무성하다. 그 사이를 돼지가 어슬렁거리고 있는 풍경을 떠올리면 된다. 밭이라고 하면 한 종류의 작물이 정연하게 심어진 풍경을 떠올리는 사람에게는 전혀 밭처럼 보이지 않겠지만 의외로 생

산성이 높은 방식이다.

이런 텃밭형에서 중점 작물을 더 많이 재배하기 위한 전용 밭을 일구려면 주변의 땅을 개간해야 한다. 열대 강우림 지대에서는 풀과 나무를 베고 불살라 땅을 일구는 이른바, 화전이 탄생했다. 화전 농업은 근재 농경문화에서 전형적으로 발달하기 시작해 10년을 한 주기로 돌려짓는 윤작식 농법이 멜라네시아의 큰 섬들에 보급되었다. 농업이 이런 단계까지 발달하면 화전은 휴한기에 관목이나 수목을 재배하는 윤작 체계로 나아간다. 서구의 삼포식 등의 다양한 윤작 체계에서는 휴한기에 풀이 자라는 방식이지만 식물의 생장력이 강한 동남아시아 열대 강우림 지대에서는 휴한기에 수목성 식물을 재배한다. 그 합리적이고 유리한 농경 방식은 때때로 매우 놀라울 수준에 도달했다.

(6)율무의 재배화. 동남아시아의 근재 농경문화는 가장 원시적인 단계부터 점차 고도의 수준으로 진보하며 다양한 변화를 일으켰다. 초기에는 바나나와 감자류를 달군 돌 위에 얹어 굽고, 독성이나 쓴맛을 제거할 필요가 있는 감자는 구운 뒤 물에 담갔다. 그것이 진보해 감자를 날 것 그대로 갈아서 물에 담그는 능률적인 방식이 개발되고 사고야자도 이용할 수 있게 된다. 밭의 형태는 텃밭형에서 화전의 윤

작식 농법으로 발달하고 마침내 밭농사로 진보한다. 작물은 품종 개량을 중심으로 진화했다. 그런데 농경문화의 마지막 단계에서 재배화된 곡류가 하나 있다. 바로 율무이다. 일년생 식물인 율무Coix ma-yuen는 종자의 껍질이 얇지만 근연인 염주Coix lacryma-jobi는 다년생으로 종자의 껍질이 두껍다. 염주는 폴리네시아의 동쪽 절반을 제외한 대부분의 지역으로 전파했다. 염주 종자는 식용도 가능하지만 목걸이나 장난감의 재료로 쓰이는 경우가 많고 잔존 작물의 생태로 남아 있다. 한편, 율무는 매우 뛰어난 농작물로 재배 품종의 변이도 무척 다양하다. 오늘날 율무가 많이 재배되는 인도 아삼 주의 나가 구릉지대에는 놀라울 정도로 다양한 율무 품종이 있다.

율무의 재배화는 인도차이나 반도에 벼농사가 전파되기 직전에 발생했을 것으로 추정된다. 율무는 수전이 아닌 화전에서 재배되었으며 그것도 얼마 안 가 밭벼로 대체되었다.

(7)근재 농경문화의 전파. 칼 사우어는 동남아시아의 근재 농경문화 복합체가 서쪽으로 전파되어 지중해 지역의 맥류 농경을 일으켰다고 설명했는데 그의 이런 주장에는 상당한 근거가 있다. 하지만 그것은 근재 농경문화 초기 단계의 복합체로 바나나, 얌, 타로감자, 사탕수수의 복합이 형

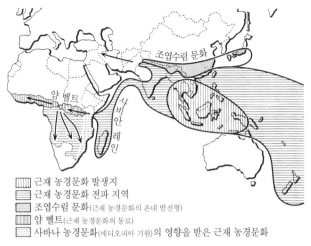

그림 14 동남아시아 기원의 근재 농경문화 전파

성되기 이전의 일이라고 생각해야 한다. 이 네 가지 작물의 복합이 확실히 정착해 강력한 농업 체계를 완성한 이후 동으로는 폴리네시아, 서로는 아프리카 중부와 마다가스카르까지 전파되었다는 것은 칼 사우어와 머독이 이야기한 그대로이다. 두 사람의 주장은 전파 경로 등에 약간의 차이가 있는데 여기서는 머독의 견해를 따라 아프리카로의 전파를 설명한다.

머독의 주장에 따르면, 기원전 1천 년경 동남아시아 근재 문화의 강력한 농경 방식이 아프리카 동쪽 연안에 도달했다. 이 문화 복합체는 사하라 사막을 동쪽에서 서쪽으로 진행해 골드 코스트 북쪽 기슭의 얌 벨트라고 불리는, 지금도 얌 이용 생활자가 많은 지역을 서쪽으로 나아갔다. 그 과정에서 카메룬 부근의 반투 족이 이 문화 복합체를 받아들이면서 폭발적으로 발전했다. 콩고 강 유역의 열대 강우림 지대는 동남아시아에서 온 바나나, 얌, 타로감자, 사탕수수가 자라기에 최적의 환경이었다. 그곳에서 천산물을 채집하며 살던 부시먼들이 반투계 민족에 의해 점령되면서 지금의 콩고로 전파되었다. 이때가 마침 그리스도 탄생 무렵이었다고 알려진다. 이렇게 근재 농경문화 복합체는 아프리카 중부를 크게 변화시켰다. 문화는 소비하는 힘이 아닌 살아서 생산하는 힘이라는 것을 유감없이 보여준다.

동남아시아의 근재 농경문화는 대륙 북쪽의 온대 지대에도 영향을 미쳤다. 바나나 등을 재배할 수 없는 온대 지역에서는 또 다른 변형된 문화 복합체가 성립했다. 바로 다음 장에서 살펴볼 조엽수림 문화이다.

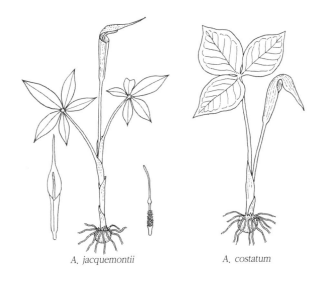

A. jacquemontii   A. costatum

네팔 히말라야에서 식용되는 천남성류

제3장 조엽수림 문화

칡

　칡뿌리에서 녹말을 채취해 갈분을 만드는 것은 일본뿐만이 아니다. 칡은 남태평양의 멜라네시아 섬들에서 의외로 쉽게 찾아볼 수 있다. 칡은 잔존 작물의 상태로 인가 근처의 수풀이나 삼림 혹은 방치된 초지 등에서 대규모 군락을 형성한다. 원주민들은 칡뿌리를 먹는 방법을 알았지만 식량이 부족할 때 구황 작물로만 이용했다. 멜라네시아의 칡은 일본의 칡Pueraria thunbergiana과 동종으로 보이지만 열대 고온 지역에서는 열매를 맺지 않는다. 본래 온대 식물인 칡이 열대 지역에서 고온 장해로 인해 열매를 맺지 않게 된 것으로 보인다. 결실을 맺지 않는 칡이 멜라네시아 섬들에 전파된 것은 인간이 들여온 것이라고밖에 생각할 수 없다. 지금은 거의 이용되지 않지만 과거에는 중요한 작물로 쓰이던 시대가 있었을 것으로 추정된다.

　멜라네시아의 북쪽 즉, 대만과 필리핀 사이의 해협에 위치한 란위 섬의 야미 족은 지금도 칡을 재배한다. 이 섬에서는 야생 상태의 칡을 채집하는 한편 일부러 재배하기도 한다. 채집과 재배 품종의 차이에 대해서는 아직 알려진 바 없다. 섬 주민들의 주식은 타로감자이지만 고구마와 함께 칡도 중요한 식품이다. 칡이 농작물이라는 분명한 예를 이 섬에서 찾아볼 수 있는 것이다.

또 칡은 중국 남부부터 일본에 걸친 지역에서 뿌리의 녹말을 채취하는 데 사용되었다. 온대 식물인 칡이 중국과 일본에 전해진 것은 이상하지 않지만 멜라네시아까지 건너간 것은 온대 원산지에서 칡 이용을 포함한 문화 복합체가 열대 지역으로 전파되기 전에 성립했다는 것을 말해준다.

백이와 숙제가 고사리만 먹다 기사한 이야기는 한문을 배운 사람이라면 누구나 알고 있을 것이다. 일본인은 고사리의 순과 뿌리에서 녹말을 채취해 먹는 방법을 알고 있었다. 1926년 도호쿠 지방에 흉년이 들자 고사리를 캐서 먹었다는 이야기가 신문에 실리기도 했다. 그런데 서양에서는 고사리를 구황 작물로 이용한 사례가 없다. 고사리Pteridium aquilinum는 근연종을 포함해 거의 전 세계적으로 야생하지만 뿌리에서 녹말을 채취하는 것은 란위, 중국, 일본뿐이다. 하지만 고사리 순을 먹는 것은 조금 더 폭넓은 지역에서 확인되는데 히말라야 중턱의 네팔 민족부터 말레이반도 끝자락의 산지 민족과 남쪽 섬들에서 종종 나타나고 중국, 일본, 한국 등지에서 많이 먹었다. 전 세계에서 자라는 고사리 순도 이 한정된 지역에서만 음식으로 즐길 뿐이다. 서양에서 고사리 뿌리처럼 이용된 구황 식물은 쇠뜨기

류로 뿌리에 달리는 작은 감자를 캐서 먹었다는 기록이 있다. 구황 식물이라고 해서 아무 식물이나 이용된 것이 아니라 저마다 그 지역의 문화 복합체의 하나로서 정해지는 것이다.

칡과 고사리는 뿌리를 갈아 물에 담근 후 녹말을 채취하는 방법으로 식용화했다. 앞에서도 말했지만 이 방법은 독성이나 쓴맛을 제거하는 것으로 가열 후 물에 담그는 방식보다 진보한 기술 체계이다. 이 방법은 동아시아의 온대 지역에서 발달한 것으로 여겨진다. 하지만 이렇게 진보한 기술이 개발되기 전 온대 지역에는 어떤 식량이 존재했을까.

천남성의 식용화

동남아시아 열대 강우림 지대의 북쪽, 주로 대륙의 인도차이나 반도 중앙의 산맥을 따라 북쪽으로 온대성 삼림지대가 펼쳐져 있다. 상록성 참나무류가 우거진 이 온대림은 일본으로 치면 녹나무, 메밀밤잣나무, 후박나무 등과 같이 진녹색 잎을 가진 울창한 삼림이다. 동아시아 특유의 이런 삼림은 조엽수림Lucidophyllus Forest이라고 불리며 동아시아에서는 열대 강우림을 잇는 거대한 생태 환경이다. 이 조엽

조엽수림 문화	그 밖의 근접 문화
고사리	
곤약	A. campanulata: 인도, 말레이시아
얌	D. alata: 인도, 말레이시아
차조기	툴시(Ocimum basilicum): 인도
누에	타파: 말레이시아, 오세아니아
무환자	Accasia concinna: 인도
옻	락크: 인도
차나무	
귤나무	
소귀나무	복숭아, 배, 대추, 산사나무: 중국
비파나무	바나나, 망고: 인도
Alnus	Salix, Populus, Platanus: 서아시아

그림 15 조엽수림대의 분포

수림은 북쪽의 침엽수림대와 닿아 있고(히말라야 지역) 사바나 지대(중국의 원시 경관), 낙엽수림대와도 닿아 있다(한국, 일본).

　동남아시아 열대 강우림 지대에서 발생한 근재 농경문화가 북쪽으로 전파되어 온대림인 조엽수림 지대에 도달하면 환경 변화에 따라 농경문화 기본 복합체도 변화한다. 순열대성인 바나나 재배는 불가능하다. 얌은 다른 온대성의 야생종으로부터 재배종을 만들어내지 않으면 안 된다. 타로 감자는 토란류의 일부만 온대에서 재배할 수 있다. 이런 환경 변화에 따라 조엽수림 농경문화 복합체가 발달했다. 이 문화는 열대 지역의 문화 복합체보다 더욱 깊게 뿌리 내리고 고도로 성장했다. 이런 문화는 농경문화 복합체 이외의 문화 복합체에서도 파악할 수 있기 때문에 여기서는 조엽수림 문화라고 부르기로 한다. 일본의 농경문화도 조엽수림 문화의 일부이다.

　조엽수림 지대에서 식용하는 야생 식물은 열대 강우림 다음으로 많다. 도토리류 중에는 메밀밤잣나무와 같이 쓴맛을 제거하지 않고도 먹을 수 있는 것이 많고 과실류도 많다. 하지만 감자류는 열대 원산은 거의 재배가 불가능해 새롭게 개발해야 했다. 단계적으로 볼 때 조엽수림 지대에서 가장 오래된 감자류는 천남성류일 것이다.

천남성은 타로감자와 같은 천남성과에 속하는 아리세마 Arisaema spp. 속 식물이다. 일본의 중학교 교과서에는 이 그룹의 식물들이 전부 독초로 소개되고 있지만 의외로 간단히 식용이 가능하다. 마찬가지로 독초로 유명한 석산도 간단히 식용할 수 있는 방법이 있다.

일본에는 천남성류의 감자를 먹는 관습이 여전히 남아 있다. 이즈 지방의 외딴 섬 미쿠라 섬이나 하치조 섬에서는 섬천남성A. negishii의 야생 구근을 삶은 뒤 껍질을 벗기고 절구에 빻아 떡처럼 만들어 먹는다. 히말라야 중턱에서는 다양한 종류를 식용한다. 시킴의 렙차 족은 아리세마 콘키눔A. concinnum이라는 종을 주로 먹는다. 독성을 제거하는 방법은 여러 번 물을 갈아가며 감자를 끓이는 것이다. 네팔에서는 두 종류가A. costatum, A. jacquimontii 비교적 자주 이용되고 있었다. 전자는 익힌 뒤 건조해 가루로 만들고, 후자는 잎을 건조채소로 가공하는 용도가 많다.

천남성류를 식용하기 위해 독성을 제거할 때는 모두 가열 과정이 들어간다. 감자를 갈아 물에 담그는 방법이 아니라는 점에서 훨씬 원시적인 이용법이라는 것을 알 수 있다. 또 천남성류는 주로 나무 밑에서 자라고 감자도 쉽게 캘 수 있다는 특징이 있지만 재배화된 종류는 없다. 채집 경제 단계에서는 중요한 식물이었을 테지만 지금은 큰 비중이 없기 때문에 큰 문제가 되지는 않는다. 오히려 생태적으로나 형태적으로 매우 비슷한 곤약류가 재배화되면서 특히 일본에서 중요 작물로 남게 되었다는 점이 주목할 만하다.

물에 담그는 기술의 발달

앞서 이야기했듯 칡이나 고사리를 식용하려면 물에 담가 독성을 제거하는 기술의 완성이 전제가 되어야 한다. 이 지극히 간단한 가공법도 원시인에게는 쉽지 않은 문제였을 것이다. 감자류를 으깨는 것은 돌로도 쉽게 할 수 있지만 녹말을 씻어 내거나 가라앉히려면 아무래도 큰 통이 필요할 수밖에 없다. 또 물도 많이 필요하기 때문에 물가에 모여 사는 것이 편리하다. 조엽수림 지대는 열대 강우림만큼 물이 풍부하지 않기 때문에 이런 기술은 사람들이 생활하는 장소를 한정하는 경향이 발생한다. 하지만 이 기술을 얻게 되면 조엽수림 지대에서 식량을 쉽게 얻을 수 있다. 가을이면 숲에서 다량의 도토리류를 채집해 식량화할 수 있다. 칠엽수 열매도 마찬가지로 물만 있으면 쉽게 식량화할 수 있다. 야생 구근, 감자류도 먹기 쉽게 만들 수 있다. 또

얼레짓가루나 칡 또는 고사리처럼 식용으로서 훌륭한 녹말을 얻기 쉽다. 물에 담가 독성을 제거하는 기술은 원시인들이 보다 쉽게 식량을 확보할 수 있게 되면서 생활의 안정화를 가져왔다. 열대 지역에 미친 조엽수림 문화의 영향이 바로 멜라네시아에 남아 있는 칡의 존재일 것이다.

잡곡의 도입

조엽수림 문화는 열대 강우림 지역의 근재 문화로부터 몇 안 되는 작물 품종—타로감자류의 토란—을 받아들였다. 운남성 부근에서는 얌의 일종인 온대성 마Dioscorea batatas가 재배되어 일본에까지 전해졌지만 다른 야생 감자류의 재배화에는 크게 성공하지 못했다. 결국 조엽수림 문화는 서구로부터 잡곡류나 맥류를 재배하는 농업을 받아들여 빠르게 성장시키는 방향으로 발전한다. 특히, 뒤에서 설명하게 될 잡곡 재배 중심의 사바나 농경문화 복합체가 깊숙이 침투하면서 매우 특색 있는 농경문화 복합체를 형성한다.

그런 문화 복합체는 석기 시대의 채집 경제 단계부터 재배 농업 그리고 청동기를 사용하는 단계까지 이어져왔으나 철기 시대에 들어서면서 조엽수림 문화의 독립성은 사라졌다고 보인다. 그것은 중국, 인도 등지에서 고도의 문화를 지닌 강력한 고대 제국이 성립한 여파의 하나라고도 볼 수 있다.

조엽수림 문화의 유산

조엽수림 문화가 성립한 것은 서로는 히말라야 남면의 중턱부터 중국 남부, 일본 혼슈 남반부에 걸친 지역으로 대부분 산악 지대이며 광대한 평야가 거의 없다. 그런 지대에서 발생한 조엽수림 문화는 산거 생활 중심의 산악적인 성격을 띤다. 따라서 조엽수림 문화가 지닌 농경문화 복합체도 대평야에서 성립한 것과는 차이가 있다. 지금도 교통이 불편하고 조사도 미흡한 이 지대의 통일적인 농경문화 복합체의 존재를 증명하는 것은 이 지역에서 발생한 특유의 농경문화 복합 요소의 공통된 분포이다. 이는 과거의 문화유산으로도 파악할 수 있다.

차, 실크, 옻, 감귤, 차조기, 술 등이 그 대표적인 문화유산이다. 왜 이런 것들을 꼽게 되었는지 먼저 서쪽부터 구체적으로는 인도의 힌두 문화에서부터 살펴보자. 결론부터 말하면, 이들은 모두 힌두 문화와는 이질적인 존재로 본래

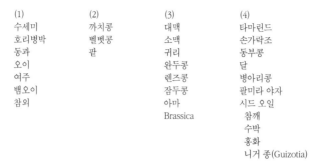

(1)	(2)	(3)	(4)
수세미	까치콩	대맥	타마린드
호리병박	벨벳콩	소맥	손가락조
동과	팥	귀리	동부콩
오이		완두콩	달
여주		렌즈콩	병아리콩
뱀오이		잠두콩	팔미라 야자
참외		아마	시드 오일
		Brassica	참깨
			수박
			홍화
			니거 종(Guizotia)

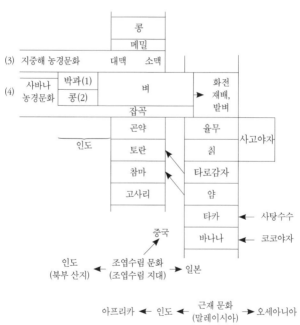

그림 16 조엽수림 문화의 발달과 외부로부터의 영향. 각 작물이 개발된 단계를 아래서부터 위로, 시대 순으로 나타냈다

부터 없었고 지금도 없는 것들이 많다. 하지만 인도의 산지 특히 아삼이나 히말라야 산지에서는 쉽게 찾아볼 수 있다. 술도 그중 하나이다. 힌두 문화에는 원래 술이 없었다. 그렇게 단정해도 좋을 듯하다. 인도 신화에 등장하는 음료 소마도 식물의 즙이지 술은 아니었던 듯하다. 지금도 인도 토착의 아쟈주를 제외하면 힌두교도들에게 술은 없다. 인도의 주요 식량인 쌀로 빚은 술도 없다. 만약 '어느 민족이나 주식인 곡류로 빚은 술이 있다'고 생각하는 사람이 있다면 인도는 제외해야 할 것이다. 인도에서 쌀로 빚은 술을 볼 수 있는 곳은 히말라야 중턱과 아삼의 산지뿐이다.

감귤류는 오늘날 인도의 중요한 과수 작물로 종류도 매우 많다. 하지만 인도의 고전에는 이상하리만큼 감귤류에 대한 언급이 없다. 인도 고전에는 감귤류보다 그 근연인 벨나무Aegle marmelos가 더 자주 등장한다. 벨 나무는 지금도 힌두교도들의 풍습과 관계가 깊지만 완전한 야생 상태로 자란다. 고대 인도인들은 감귤류에 대해 거의 알지 못했을 것으로 추정된다. 그런데 그런 감귤류의 다양하고 훌륭한 품종들이 히말라야 중턱에서 아삼 산지에 걸친 지대에서 속속 발견되고 있다.

인도는 실크 생산국으로도 유명하다. 인도 실크 산업의

중심지 두 곳 중 하나는 카슈미르 지방으로 역사 시대 실크 로드를 통해 전해졌다고 여겨지며 누에의 종류는 일본과 같다. 다른 한 곳은 동부 히말라야부터 아삼의 산지이다. 이 지방에서 생산되는 실크는 일본인들의 상식과는 크게 다르다. 아삼에서는 일본과 같은 종류의 누에 이외에도 무가, 터서라고 불리는 누에를 키운다. 또 일본에서 멧누에나 방이라고 부르는 일반 누에의 야생종으로 여겨지는 누에고 치도 채집한다. 그 밖에도 야생 곤충의 고치를 모아 이용하기도 하는데 나가 구릉지대에서 조사한 결과 20여 종 이상의 곤충의 고치를 이용하는 것으로 추정된다. 이 고치에서 뽑은 실은 대부분 털실처럼 굵기 때문에 이 실로 짠 천도 명주와 같이 두껍고 튼튼하다. 아삼 실크라고 불리는 것으로 얇고 품질이 좋은 것은 인도 국내에서도 귀한 대접을 받으며 사리의 재료로 쓰인다.

이처럼 실크는 아삼 산지가 세계에서 가장 변화가 풍부하며 중국이 그 뒤를 잇는다. 그것을 연결하는 것이 조엽수림 문화이다. 실크와 거의 동일한 분포를 보이는 것이 옻이다. 옻은 옻나무 혹은 옻나무의 근연종에서 채취하며 의외로 종류가 많다. 타이, 미얀마 북부에서는 재래 공예품의 재료로 이용된다. 일본과 중국 남부에서는 옻나무Rhus verniciflua에서 진을 채취하고 베트남이나 히말라야의 부탄에서는 옻나무의 근연종인 거먕옻나무Rhus succedanea의 변종에서 옻진을 채취한다. 미얀마 북부에서는 옻나뭇과의 다른 속인 글루테아Glutea spp. 등에서 채취하기도 한다. 이렇게 옻은 조엽수림 지대의 남쪽으로 갈수록 다양한 변이가 일어난다. 옻칠은 습기가 있는 곳에서 말려야 하고 옻 제품도 적당한 습도가 있어야 손상되지 않는다. 조엽수림 지대는 옻 제품이 만들어지고, 사용되는 장소가 되었다.

조엽수림 문화의 차, 술, 차조기

차는 오늘날 커피와 함께 전 세계적으로 손꼽히는 기호 음료로 중국 중남부에서 기원했다는 견해가 일반적이다. 하지만 민족 식물학ethnobotany의 관점에서는 그리 간단한 문제가 아니다. 차와 같이 식물의 잎을 가공해 음용하는 것으로는 아랍의 카토 차나 남미의 마테 차 등이 있다. 이런 풍습은 조엽수림 지대에서 놀라울 정도로 풍부한 변이를 나타낸다. 가장 눈에 띄는 것은 산수국의 잎을 말려 이용하는 방법이다. 일본에서는 거의 사라졌지만 중국 쓰촨 성에서는 비슷한 종류인 세티게룸 류Viburnum theiferum가 재

표 5 조엽수림 문화에서 차로 음용하는 식물

중국 서남부 지방(Wilson, 1929, 그 외)	중국명
Thea sinwnsis	
Camellia kissi	
Malus theifera	
Malus spp.	Tang-li-tzu
Pyrus spp.	
Pyracantha crenulata	Cha kuo-tzu
Spiraea henryi	
S. blumei	Tsui-lan-cha
S. chinensis	
S. hirsuta	
Morus alba	Ku-ting-cha
Salix babylonica	
Viburnum theiferum (sweet tea)	
Hydrangea aspera (sweet tea)	토상산(土常山, Tu-changshan)
일　　본	
Hydrangea macrophylla var. *thunbergii* (sweet tea) 산수국	
시　　킴 (Hooker, 1854; Bell, 1928)	
Acer caudatum	*Ra-Li-Shing* (Tibetan)
	Kapashi (Nepalese)
Photinia sp.	
Gaultheria sp.	
Andromede sp.	
Vaccinium sp.	
부　　탄 (나카오, 1959)	
Rhodendron lepidotum	
수목 3종	

배되고 어메이 산에서는 산업으로까지 발전했다. 부탄에서 야생 채집한 식물 중에도 산수국의 일종으로 보이는 것이 있다. 중국 서남부부터 히말라야에 이르는 지역에서는 표 5에서 볼 수 있듯 매우 다양한 식물이 차로 음용되고 있다. 이런 식물들은 차의 대용으로 사용되기도 하지만 식물의 잎(표 5의 식물은 전부 관목 혹은 교목으로 초본성 식물은 없다)을 차로 마시는 조엽수림 문화의 풍습이 남아 있는 것이라고 보아야 할 것이다.

차는 생잎이 아니라 가공해 사용한다. 가공 방식을 보면, 발효 정도에 따라 다양한 차이가 있다. 일본의 차는 대표적인 무발효 차이며 대만에는 반발효 차인 우롱차가 있다. 중국 남부에는 지금의 홍차형 발효차가 있고 더 남쪽으로 가면 강발효 차도 발견된다. 미얀마 북부의 카친 족을 중심으로 남쪽의 방콕부터 서쪽의 아삼에 이르는 지역에서 간혹 볼 수 있는 라페Lahpet라고 불리는 강발효 차는, 차로 마실 뿐 아니라 절임 식품으로도 먹는다. 이 라페의 원료는 차나무Thea sinensis가 아니라 근연종 식물Camellia kissi을 이용한다고 알려져 있다. 라페는 찻잎을 쪄낸 후 대나무 통에 넣고 땅에 묻어 1년 이상 발효시켜 만든다.

차는 조엽수림 지대의 다양한 음용 식물 중에서 선택된

것으로 가공법도 크게 발달했다. 차는 조엽수림 문화가 20세기에 남긴 유산이다. 식물학자 조지 와트는 라페의 사례를 통해 차는 약용에서 식용으로 그리고 기호음료로 발달했다고 말한다.

조엽수림 문화의 하나인 술은 더욱 흥미롭다. 힌두 문화에는 없는 곡물로 빚은 술이 인도 동북부 산지의 온대 지역에서 출현했다는 것은 앞에서 이야기했다. 이 동아시아 조엽수림 지대를 중심으로 그보다 조금 더 넓은 지역 즉, 중국 북부, 일본, 인도네시아에 걸친 지역에서 빚어낸 술은 세계 어떤 지역과도 다른 특색이 있다. 그것은 곡류의 녹말을 곰팡이의 힘을 빌려 당화하는 방법이다. 맥주는 맥아의 효소로 녹말을 당화하지만 조엽수림 문화에서는 누룩의 효소를 이용해 당화한다.

누룩은 외형상 '산국散麴(흩임 누룩)'과 '병국餠麴(떡 누룩)'으로 나뉜다. 병국은 떡처럼 뭉쳐서 만든 누룩을 말하는데, 중국 술의 경우에는 적절치 않은 표현인 듯하다. 중국에서 '병餠'은 예컨대 '월병月餠'과 같이 밀가루 제품을 통칭하는 말이기 때문에 병국이라고 하면 밀가루로 만든 누룩이라는 뜻이 된다. 어쨌든 여기서는 양조학적 관용에 따라 병국이라고 부르기로 한다. 히말라야 지역이나 인도네시아 그리고 중국의 술은 대부분 병국을 사용한다. 히말라야의 다르질링 부근에서는 무르차Murcha라고 불리는 병국을 파는 모습을 쉽게 볼 수 있다. 자바에서는 라기Ragi라고 불린다. 한편, 벵골과 히말라야 저지대에서 마루아Marua라고 불리는 손가락조 역시 술의 원료로 유명하다. 아프리카의 여러 나라에서는 손가락조와 병국이 하나의 명칭으로 불린다. 또 인도 문화의 영향이 미친 자바의 라기는 인도 국내에서 손가락조를 뜻하는 명칭으로 널리 쓰인다. 즉, 히말라야와 자바에서는 병국을 뜻하는 명칭과 손가락조를 뜻하는 명칭이 같다. 병국의 원형이 손가락조라는 것을 말해준다. 나중에 이야기하겠지만, 손가락조가 모든 잡곡의 공통분모와 같은 역할을 하는 지표 곡류라는 점을 생각하면 조엽수림 문화가 서방에서 잡곡 재배를 받아들였을 때 손가락조로 만든 누룩을 이용해 술을 빚기 시작했다고 추정할 수 있다. 참고로, 사카구치 긴이치로坂口謹一郎는 타이, 말레이, 인도네시아는 중국술의 문화권에 속한다고 보았다. 사실 중국술은 조엽수림 문화권에 속한다고 보는 편이 합리적이다. 일본의 술은 산국을 이용하기는 하지만 누룩을 사용한다는 점에서 틀림없는 조엽수림 문화의 술이다.

끝으로 차조기Perilla frutescens라는 식물을 살펴보자. 차조기는 많은 변종이 있지만 그것을 이용하는 것은 조엽수림 지대뿐이다. 인도에서는 차조기와 비교적 가까운 툴시라고 불리는 풀Ocimum basilicum이 힌두교와 결합해 널리 사용되고 있지만 차조기는 찾아볼 수 없다. 하지만 술과 마찬가지로 히말라야 중턱에서는 농가의 텃밭에서 자라는 차조기를 종종 볼 수 있다. 또 동부 히말라야의 아삼 산지에는 차조기를 재배해 그 종자를 식용하지만 유료 작물로는 이용하지 않는 민족도 있다. 중국이나 일본에서는 차조기의 변종을 유료 작물로 이용할 뿐 아니라 향미 채소로 애용하기 때문에 많은 품종이 만들어지고 재배된다. 차조기의 향은 조엽수림 문화의 향인 것이다.

이처럼 조엽수림 문화는 오늘날 우리에게 차, 실크, 옻, 술, 감귤류, 차조기와 같은 유산을 남겼다. 조엽수림 문화는 채집 경제 단계부터 화전 재배 단계로 진행했다. 그 중심 지역은 오늘날 로로계 민족이 거주하는 중국 서남부 지대이다. 로로계 민족에 대해 처음 듣는 사람도 많을 것이다. 중국은 대표적인 다민족 국가이다. 중국 영토 내에는 몽골 족, 티베트 족을 비롯한 수많은 민족이 살고 있다. 한족 이외에 중국에서 가장 많은 수를 차지하는 것이 로로계 민족이다. 그들은 다수의 부족으로 나뉘는데 이족(약 400만),

니족, 아히족, 로로포족, 리스족과 그 밖의 다수가 있으며 합치면 약 1천 만 명 정도는 될 것이다. 티베트 족을 어림잡아 500만(그중 100만 정도만 티베트에 산다) 정도로 보았을 때 그 차이를 더욱 확연히 알 수 있다. 로로계 민족은 언어학상 티베트-미얀마어계에 속하며 독특한 문자까지 보유한 고도의 문화를 가지고 있다. 조엽수림 문화가 로로계 민족을 기원으로 발전했다고 단정할 근거는 없지만 지리적 분포에 있어 매우 깊은 관계가 있는 것만은 분명하다.

조엽수림 문화는 농작물이나 식물 이용 등의 농경문화 기본 복합체의 일체성 외에 다른 문화 복합에도 다양한 공통성이 있지만 그것은 이 책이 포괄하는 범위 밖의 문제이므로 여기서 다루지는 않겠다.

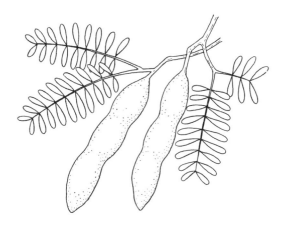

타마린드. 콩이 아니라 꼬투리의 과육부를 식용한다. 갈색으로 익은 콩꼬투리는 저장성이 좋아 수개월이 지나도 과육이 부드럽다

제4장 사바나 농경문화

잡곡

영어로는 밀렛millet, 독일어로는 히르세Hirse라고 하는 잡곡의 일본어 '잣코쿠雜穀'는 새롭게 만들어진 조어造語이다. 한편, 맥류를 뜻하는 일본어 '무기麥(ムギ)'는 밀, 보리, 귀리, 호밀 등의 총칭인데 오히려 그런 작물을 주로 재배하는 서양에는 '무기'에 대응하는 말이 없다. 이는 모두 각각의 농경문화 기본 복합체가 성립한 이후 전파된 새로운 작물군을 총괄할 이름이 필요해 생긴 결과일 것이다. 동양에서는 잡곡보다 맥류가 새롭고 서양에서는 맥류보다 잡곡이 새로운 작물인 것이다. 이렇게 맥류와 잡곡은 근본적으로 서로 다른 문화 복합체에서 기원한 것이다.

그렇다면 잡곡이란 무엇일까. 조와 기장이 고대 중국 문화를 이룩한 기본 곡류라는 것은 널리 알려져 있다. 그 밖에도 오늘날 재배되고 있는 잡곡의 종류(종)는 깜짝 놀랄 만큼 많다. 인도에서는 굉장히 다양한 잡곡류가 대량 재배되고 있으며 아프리카의 사하라 사막 이남以南 사바나 지대에서도 나양한 잡곡이 재배된다. 오늘날 잡곡이 주식인 나라와 민족의 인구는 수억 명을 웃돌며 경제적으로도 무시할 수 없지만 대부분 문화적으로 발언력이 약한 탓에 두드러지지 않는 것뿐이다.

잡곡이라는 곡류의 통유성을 살펴보면 우선, 전부 여름 작물이라는 점이다. 일본과 같은 온대 지방에서 맥류는 모두 겨울 작물이지만 잡곡에 해당하는 조, 기장, 피 등은 모두 여름 작물이다. 이것은 열대 지방인 인도나 아프리카에서도 공통된 특성으로 여름의 고온뿐 아니라 아시아에서는 몬순 우기의 작물이다. 쉽게 말해, 잡곡은 몬순 농업의 곡류이다. 한편, 일장日長 반응 등의 다양한 생리적 특색도 여름 작물로서의 공통된 성질이다.

잡곡은 종류가 많은 만큼 형태도 다양한데 특히, 높이가 다양하다. 볏과 식물을 생태적으로 구별하는 방법에는 톨 그래스Tall-grass, 미드 그래스Mid-grass, 쇼트 그래스Short-grass와 같이 식물의 높이로 나누는 편리한 방식이 있다. 식물의 군락에 들어갔을 때 사람이 보이지 않을 만큼 키가 큰 식물을 톨 그래스라고 한다. 식물의 키가 사람의 허리에서 가슴 정도까지 오고 멀리서도 상반신이 보이면 미드 그래스, 무릎이나 정강이 정도에 오는 키가 작은 식물은 쇼트 그래스이다. 예컨대 옥수수는 톨 그래스, 맥류는 모두 미드 그래스이다. 잡곡 중에는 수수, 펄 밀렛이 톨 그래스에 속하며 조, 기장, 피, 손가락조 등의 다수가 미드 그래스이다. 또 테프(에티오피아의 주작물), 포니오 등이 쇼트 그래스에 속한다. 이렇게 잡곡의 초장草長이 다양한 것은 저마다 다른 환경에 적응한 잡곡이 존재한다는 것을 나타낸다.

곡류로서 잡곡의 특색 중 하나는 낟알의 크기가 작다는 것이다. 잡곡이 소小 곡류 등으로 불리는 이유이다. 그 점에 대해 칼 사우어는 이렇게 말했다. '잡곡의 인위 도태는 낟알의 크기를 크게 만드는 것이 아니라 낟알을 맺는 이삭의 크기를 더 크게 만드는 쪽으로 진행했다.' 인상적으로는 뛰어난 표현이지만 사실 조나 테프의 경우 야생 원종보다 재배종의 낟알이 더 커졌다. 그럼에도 불구하고 잡곡은 대부분 낟알이 작은 것이 특징이다. 예컨대, 조의 낟알은 고대 인도의 고전에서 작은 것에 대한 비유로—서양의 바늘구멍처럼—자주 인용되었다. 에티오피아 특산종이자 주요 작물, 주식으로 이용되는 테프는 일본의 길가에서 흔히 볼 수 있는 그령을 일년생으로 개량한 듯한 식물인데 터무니없이 작은 종자 역시 일본의 그령과 비슷하다. 테프의 낟알은 대개 붉은 빛을 띠며 벼룩처럼 작다. 굳이 재배할 필요가 있는지 탄식이 절로 나올 정도이다. 하지만 잡곡 중에는 이렇게 낟알이 터무니없이 작은 것들이 많다.

사하라 사막의 서남쪽, 지금의 말리 공화국에는 니제르 강이라는 큰 강이 사막을 가로질러 흐르고 있다. 18세기 무렵 유럽에는 니제르 강가에 있는 팀북투라는 황금도시에 대한 이야기가 전해졌다. 그곳에 처음 발을 디딘 르네 카일레René Caillié의 탐험기에는 매우 인상적인 사건이 쓰여 있다. 진흙으로 지어진 도시 팀북투는 황금도시라고 부를 만큼 화려한 곳은 아니었지만 그런 소문이 날만 한 근거가 있었다. 바로 니제르 강 중류에서 독자적으로 발달한 농경문화이다. 거기에는 아프리카에서만 볼 수 있는 몇몇 특별한 재배 식물이 자라고 있었다. 팀북투에서는 포니오Fonio, 영어로는 헝그리 라이스Digitaria exilis라고 불리는 작물 등이 그 전형이다. 이 잡곡은 일본에서 흔히 볼 수 있는 잡초 바랭이의 근연종이다. 낟알의 크기가 야생 근연종과 다르지 않을 만큼 작기 때문에 헝그리 라이스 따위의 이름으로 불린 것이다. 이 밖에도 근연의 재배종Digitaria iburna이 조금 있고 비슷한 야생종을 채집하기도 했다. 하나같이 가련할 정도로 빈약한 작물이다. 그런데 이런 바랭이류를 재배화한 지역이 또 있었다. 제1장(8항)에서 이야기한 카시 밀렛도 실은 이 포니오나 바랭이와 가까운 종류이다. 그 뿐만이 아니다. 서양에서도 재배되었다. 마나 그래스Digitaria sanguinalis라고도 불린 이 잡곡은 고대 그리스인들도 알고 있었으며 최근에는 슬라브인들이 비교적 많이 재배했다. 서파키스탄의 서북부부터 러시아, 그리스에 이르는 지역에서 간간이 재배되던 작물로 스프에 넣어 끓이면 맛이 훌륭하다고 한다.

이처럼 잡곡류는 잡초나 다름없이 빈약한 식물들이 많이 재배되었다. 볏과 식물의 잡초 종자는 어느 것이나 모아서 가공하면 인간의 식량이 된다. 야생의 잡곡인 셈인데 과연 사실일까.

아프리카의 야생 잡곡

아프리카 탐험기나 여행기를 읽다 보면, 가끔 토착민들이 야생 잡곡을 모아 식용하는 이야기가 나온다. 지금까지 확인된 야생 잡곡은 볏과 식물에 가장 많은 종류가 분포한다. 이런 잡곡의 종류를 속屬 단위로 정리해보자.

우선 아프리카에는 어떤 볏과 식물이 존재할까. 물론 굉장히 많은 종류가 있다. 하지만 대초원의 풍경과 달리 식생에 있어 중요한 종류는 그리 많지 않다. 특히, 아프리카의 사바나 지대(초원에 수목이 산재하는 지대)부터 사막에 닿아 있는 지대에 주목해 살펴보자.

표 6은 J. F. V. 필립J. F. V. Phillips 교수의 책을 참고해 만든 표이다. 먼저, 지역을 네 가지로 분류했다. 수목이 있는

표 6 아프리카 사바나 지대 부근의 주요 볏과 식물류(필립, 1959)

1 수목이 있는 사바나

Andropogon, Cymbopogon, **Panicum, Hyparrhenia, Pennisetum, Cenchrus,** **Setaria,** *Rottboellia,* **Digitaria,** *Chloris,* **Eragrostis**

2 수목이 있는 건조 사바나

Themeda, Cymbopogon, Bothriochola, **Eragrostis,** *Elionurus,* **Panicum,** **Aristida, Hyparrhenia,** *Heteropogon, Brachiaria, Ischaemum, Sehima,* **Setaria,** *Fingerhuthia,* **Digitaria,** *Trachypogon, Chrysopogon, Enneapogon*

3 반사막

Panicum, Digitaria, Cenchrus, Aristida, Eragrostis, *Schmidtia, Chloris, Sehima, Schoenefeldia, Cymbopogon*

4 사막

Aristida, Panicum, *Cymbopogon,* **Cenchrus,** *Schoenefeldia*

볼드체로 쓰인 이름은 낟알을 식용하는 식물 속을 나타낸다

사바나, 수목이 있는 건조 사바나, 반사막, 사막으로 나누고 그 지대에 생육하는 볏과 식물의 주된 종류를 속 단위로 나타내면 이 표와 같다. 볼드체로 쓰인 것은 토착민들이 식용하는 야생 벼를 모은 종류의 속이다. 이 표를 보면, 아프리카의 사바나 지대나 사막에서 가장 흔하게 자라는 식물이 잡곡으로 이용된다는 것을 쉽게 알 수 있다. 다시 말해, 아프리카 초원은 천연의 잡곡 밭이라는 것이다.

이 표를 통해 다양한 사실을 깨닫게 된다. 동양에서 잡곡의 주류로 정착한 조 속Setaria spp.과 기장 속Panicum spp. 모두 야생 상태에서 채집해 이용하지만 재배화되지 못했

다. 아시아 원산인 이들 그룹과 비교했을 때 아프리카의 식물은 대부분 다년생 식물이라는 것이 가장 큰 차이점이다. 또 아프리카 사바나의 야생 잡곡과 재배 잡곡을 비교했을 때, 재배화된 잡곡은 전부 일년생 식물이지만 야생 잡곡은 대부분 다년생 식물이라는 점이 눈에 띄는 특징이다. 낟알의 크기로는 야생과 재배 잡곡을 분명히 구별할 수 없다. 이렇게 무수히 많은 볏과 식물 중에서 일년생 종류만 선별해 보호하고 기르게 되면서 인류는 비로소 곡물 농경의 시대로 들어가게 된다.

인간이 곡류를 모아 식용으로 이용했다는 것이 별 것 아닌 일처럼 생각되지만 사실 이것은 인류 역사의 위대한 발견이다. 대부분의 원숭이류는 볏과 식물의 이삭을 먹지 않고 초식 동물인 소나 말도 짚이나 순은 먹지만 이삭은 좋아하지 않는다. 멧돼지나 곰은 먹었을지 몰라도 보통 초식 동물이 먹지 않는 볏과 식물의 이삭은 사바나 지대에서는 남겨진 식량원이었다. 그런 낟알을 식용한 것은 새나 들쥐 혹은 곤충류 정도였을 것이다. 즉, 사바나 지대의 천연 잡곡밭은 다른 동물들이 이용하지 않는 풍부한 자원이었다고 할 수 있다.

게다가 식물의 종자 중에서도 볏과 식물의 낟알은 큰 특징이 있다. 종자가 모두 녹말질로 이루어진 것은 아니다. 다른 많은 식물의 종자는 저장 물질로서 녹말보다 효율적인 유지油脂의 비율이 높지만 볏과 식물은 대부분 녹말질이다. 근재문화가 녹말질의 감자류를 선택했듯 사바나 초원에서는 종자 중에서도 녹말질의 볏과 식물을 선택해 농업을 시작했다. 하지만 이내 식물의 종자에서 기름을 채취할 수 있는 작물도 재배화해 크게 발전했다.

잡곡 농업의 발생지

드넓은 아프리카 사바나 지대에서 최초의 잡곡 재배 농업이 시작된 곳은 어디였을까. 이것은 꽤 어려운 문제이다. 머독은 서아프리카의 니제르 강 유역이 가장 가능성이 높은 장소라고 생각했다. 거기에는 그만한 이유가 있다. 전세계 재배 식물을 조사하는 탐험대를 이끈 구소련의 바빌로프는 니제르 강 유역의 독특한 작물군과 농업의 중요성을 간과했다. 그의 탐험대는 니제르 강 유역을 방문하지 않았으며 그의 저서에도 그 지역에 대한 언급은 없다. 하지만 최근 프랑스와 영국의 학자에 의해 니제르 강 지역의 중요성이 밝혀지며 최근의 저작 예컨대, 달링턴의 책에는 바빌

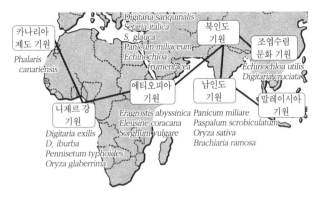

그림 17 사바나 농경문화의 잡곡류 기원지

로프의 다른 재배 식물 발생 중심지 목록에 이 지역이 추가
되었다. 머독은 니제르 강 유역의 농경문화가 기원전 5000
~4000년경 발생했다고 추정했다. 그리고 지중해 지역 및
이집트 등에 맥류 농경문화가 전파된 기원전 4000~3000년
경 니제르 강의 잡곡 농경문화는 에티오피아에 도달하면서
잡곡 농경문화의 제2의 중심지로 발전했다.

　에티오피아에는 주작물인 테프 외에도 중요한 작물이 있
다. 바로 손가락조Eleusine coracana이다. 손가락조의 원산
지는 인도 설, 아프리카 설 등의 다양한 설이 있다. 하지만
비교적 최근 발견된 탕가니카 부근의 야생 근연종 엘루시
네 아프리카나Eleusine africana라는 식물이 가장 가까운 듯

하다. 이 야생종은 재배되는 손가락조와 자연 교잡하기 때문에 손가락조의 원종으로 가장 유력해 보인다. 그 밖에도 아프리카의 손가락조에 관해서는 재미있는 사실이 있다. 우간다에서는 농민들이 재배하는 손가락조가 도열병에 걸려 피해가 크자 도열병 저항성을 지닌 품종을 육성했다. 도열병은 벼에만 생기는 것이 아니다. 또 도열병균은 벼에 기생하며 유성생식을 하지 않기 때문에 분류학적 지위가 명확치 않은 병원균이다. 벼의 원산지 동남아시아의 벼 도열병에서도 유성생식 기관은 발견할 수 없다. 도열병이 실은 아프리카 손가락조의 병해가 아닌지 의심하는 견해도 제기되었다. 도열병균이 손가락조에서 벼로 기주 전환한 것이 아닐까 하는 생각이었다. 우간다에서 야생 손가락조 도열병균의 유성생식 기관을 조사해보면 밝혀낼 수 있을지도 모른다. 에티오피아 기원이라고는 해도 그 범위는 다소 남쪽 지역을 포함한다고 생각하는 편이 좋을 것이다.

손가락조는 잡곡을 재배하는 사바나 농경문화의 지표 식물指標植物(indicator plant)이다. 지표 식물이라는 의미는 그 식물이 눈에 띄게 많이 존재한다는 뜻이 아니다. 아주 드물지만, 사바나 농경문화가 분포한 지역에서는 아무리 외딴 시골에서도 반드시 발견된다는 의미이다. 손가락조는 아프

그림 18 손가락조의 밭. 생육이 굉장히 좋은 이런 밭에서도 이삭 패는 시기는
고르지 않다(시킴에서, 1959)

리카 사바나 사막 이남의 잡곡 농경지대 전역과 에티오피
아, 인도, 동남아시아, 중국, 대만, 일본에 이르는 지역에서
반드시 발견되지만 지중해 지역, 유럽 즉 맥류 농경이 분포
한 지대에서는 찾아볼 수 없다. 특히, 손가락조는 아시아로
전파된 사바나 농경문화의 잡곡 농업의 선두가 되었을 것
이다. 손가락조는 모든 종류의 잡곡 중 사바나 농경문화 기
본 복합체의 기본 요소가 되었다.

 인도에도 사바나 농경문화의 기원지가 있다. 인도의 데
칸 반도 서부의 건조지와 인도 서북부부터 서파키스탄에

걸친 건조 지대 두 곳에 존재했다. 데칸 반도 서부의 건조지에서는 기장Panicum miliaceum이 재배되었으며 인도 서북부와 서파키스탄에 걸친 지역에서는 조Setaria italica가 재배화되었다. 통설로는 조의 원산지를 중국으로 보는 견해가 우세한데 나는 그렇게 생각지 않는다. 오늘날 인도에서 재배되는 조는 매우 드물지만 고대에는 그렇지 않았다. 인도 고전에 테나이Thenai라는 이름으로 등장하며 작은 것에 대한 비유로 인용되기도 했다. 인도 고전에서 벼와 거의 비슷한 수준으로 언급될 만큼 중요한 잡곡이었을 것으로 추정된다. 또 인도에서는 야생 세타리아 속의 종자를 모아 식용하는 사례가 많고 봄베이 주에서는 같은 속의 세타리아 글라우카S. glauca라는 종류가 재배화되었다. 이런 다양성으로 볼 때 조의 원산지는 인도로 보는 것이 타당하다. 피류 Echinochloa spp.는 인도에서 재배화된 종류와 사바나 농경문화가 조엽수림의 온대 지역에 전파되었을 때 재배화되어 일본으로까지 전파된 두 가지 종류가 있다. 이 두 가지 종류는 염색체수는 같지만 유전체 구성이 다르다.

이처럼 사바나 농경문화는 아프리카부터 아시아에 걸친 사바나 지대를 관통해 동서로 길게 전파되며 각각의 지역에서 중점적으로 발달했다. 그것은 수천 년에 걸친 사바나 농경문화가 아프리카와 아시아의 광대한 지대에서 밀려오고 밀려가는 파도와 같이 서로 전파하며 진보하고 발전한 자취를 통해 발견할 수 있다.

그림 17에서 볼 수 있듯 많은 종류의 잡곡을 재배화했지만 그런 잡곡들이 경제적으로 기여한 정도나 역할은 동일하지 않다. 인도 기원의 조와 기장은 오늘날 인도에서는 거의 찾아보기 힘들지만 중국의 황하 문명이 발생했을 무렵에는 가장 중요한 잡곡이었으며 일본에서도 주요 잡곡으로 재배되었다. 아프리카에서는 펄 밀렛과 소르검sorghum(수수류)이 발달하고 니제르 강부터 인도양에 걸친 지대에서는 주요 곡류로 정착했다. 이 두 잡곡이 인도에 전파되어 오늘날 인도의 주력 작물이 되었다. 특히, 소르검의 중요성이 높아지며 중국으로까지 전파해 재배화되었다. 콜럼버스의 신대륙 발견 이후에는 형태와 재배 조건이 소르검과 비슷한 옥수수가 아프리카, 인도, 중국에 전파되면서 소르검 재배를 대체하고 있는 상황이다.

두류의 이용

지금은 두류豆類를 먹는 것이 대수롭지 않은 일처럼 여겨지지만 원시인들에게는 쉬운 일이 아니었다. 동남아시아의 정글에서 탄생한 근재 농경문화는 감자류와 과실류를 재배해 식용으로 이용했지만 주변에 흔한 두류는 전혀 재배화하지 않았다. 원시인들에게 야생 콩이 그렇게 먹기 힘든 식물이었을까.

콩과 식물은 본래 습하고 건조한 지역에서도 많은 종류가 야생하며 대부분 눈에 잘 띄는 꼬투리 안에 잡곡의 낟알과는 비교도 안 될 만큼 커다란 낟알이 생긴다. 그런데 이것을 먹는 것이 여간 어려운 일이 아니었다. 야생 두류는 독성이 있는 종류가 상당히 많은데 이 독성을 제거하는 것이 감자류의 독성을 제거하는 일보다 어렵다. 게다가 콩은 딱딱해서 익히기 어려운 성질이 있다. 대부분의 콩은 그냥 굽기만 해서는 먹기 힘들기 때문에 물을 붓고 부드러워질 때까지 끓여야 한다. 자연히 솥이 필요해진다. 콩이 인간의 식량 목록에 들어간 것은 질흙이든 쇠붙이로 만든 것이든 솥의 존재 다시 말해, 토기의 발명 이후라고 볼 수 있다. 콩을 끓여보면 정백하지 않은 잡곡의 낟알보다 익히기 어렵다는 것을 알 수 있다. 그렇기 때문에 콩은 야생종 중에서 익히기 쉬운 것을 선별해 재배했으며 재배화한 후에도 더 익히기 쉬운 품종으로 개량했다. 지금 우리가 일반적으로

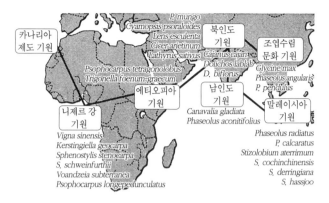

그림 19 사바나 농경문화의 두류 기원지

접하는 식용 두류는 그런 부분에서 상당한 개량을 거친 품종이지만 그럼에도 여전히 익히기 어렵다는 것은 주방에서 콩을 삶아본 사람이라면 누구나 알 것이다.

콩을 식용하기 위해 즉, 빨리 익히기 위해 생각해낸 또 다른 방법이 있다. 콩을 끓이기 전에 가공해 더 쉽게 익도록 만드는 방법이다. 콩을 돌로 찧어 가루가 아닌 굵은 알갱이로 만드는 간단한 방법으로, 인도 등에서 주로 먹는 달dhal 이 그 대표적인 제품이다. 인도, 파키스탄에서 생활하는 사람들은 매일 콩으로 만든 달을 먹는다. 인도의 달은 굉장히 다양한 종류의 두류로 만들어진다. 달의 재료로는 아주 드물게 쓰이는 완두콩 이외에는 우리들은 본 적도 없는 종류가 대부분이다. 달을 만들 때 주로 사용하는 종류는 카야누스Cajanus cajan라는 관목성 콩과 그램Gram이라고 불리는 강낭콩 속Phaseolus spp.의 두류 혹은 병아리콩Cicer arietinum 등이다.

　오늘날 인도에서 달을 만드는 방법은 생각보다 다양하다. 콩을 바로 절구에 빻는 방법과 물에 불려 말린 후 절구에 빻는 방법 또는 기름이나 향신료를 함께 넣고 빻는 방법도 있다. 예컨대, 카야누스 콩은 반나절가량 물에 불린 콩을 깨끗한 적토에 뿌려 하룻밤 방치한 후 다음날 햇볕에 말려 흙을 털어낸 후 절구에 빻는 방식으로 가공한다. 이렇게 만든 붉은 기를 띤 달은 인도 요리에 가장 많이 사용된다. 이것을 카레와 기름을 넣고 끓이면 금방 부드럽게 익어 죽처럼 된다. 인도 요리에 빠지지 않는 메뉴이다. 딱딱한 콩을 간단히 익혀 먹고 싶은 인간의 욕망이 훌륭히 실현된 한 예가 바로 이 달 스프이다.

　이렇게 사바나 농경문화는 두류의 식용화와 재배화에 성공했다. 아프리카와 인도 두 곳의 기원지 모두 독특한 두류를 탄생시켰다. 인도의 두류 대부분이 일본인에게 알려지지 않은 것처럼 아프리카에서 재배되는 특유의 두류는 전 세계 어떤 농학서에서도 찾아보기 힘들 만큼 진기한 종류가 많다. 예컨대, 아프리카에는 신대류 원산의 땅콩처럼 땅속에서 자라는 종류가 있다Voandezeia subterranea, Kerstingiella geocarpa. 이 훌륭한 재배 식물 중 특히 보안데체아는 니제르 강에서 마다가스카르에 걸친 지역에서 폭넓게 재배되고 있다.

사바나 농경문화 복합체에서 개발된 두류는 주곡인 잡곡과 마찬가지로 몬순 작물 즉, 여름철에 재배되는 작물이라는 통유성이 있으며 이 점은 맥류 농경과 합쳐진 완두콩, 잠두콩 등과 분명히 대립된다. 하지만 북인도 원산으로 알려진 세 가지 두류 즉, 렌즈콩Lens esculenta, 병아리콩Cicer arietinum, 식용 스위트피Lathyrus sativus는 겨울 작물인 두류와 본질적으로 다르다. 혹은 이 세 종류가 최초에는 맥류 농경과 합쳐져 기원한 것이 아닐까 하는 의심도 든다.

사바나 농경문화는 그 기본 복합체 안에서 그림 19와 같이 놀랄 만큼 많은 종류의 두류를 재배화하고 고도로 개량된 품종을 탄생시켰지만 대부분 유럽, 미국의 근대 농업에는 도입되지 못했다. 조엽수림 지대에서 새롭게 개발된 것으로 추정되는 대두만이 기계화 농업에 적응했을 뿐이다. 또 하나, 동부콩류는 카우피Cowpea라고 불리는 사료 작물로 재배되었다. 반면에 신대륙에서 개발된 두류는 옥수수,

감자 등과 같이 서구 문화에 깊이 침투해 유럽과 미국 등지에서 대규모로 재배되었다.

과채류

과채란 미숙한 열매를 식용하는 채소를 말한다. 오이나 가지가 대표적이다. 과채류는 대부분 익혀 먹는다. 그런데 수박과 멜론은 과일과 같이 생식하는 품종이 일반적이고 오이는 보통 생으로 먹는 것이라고 생각한다. 하지만 중국이나 인도에서는 오이를 익혀 먹는 요리가 있다. 파키스탄 서부에는 카레 요리에 넣어 익혀 먹는 수박의 품종이 있고 종자를 식용하는 품종도 있다. 멜론류 중에도 월과越瓜와 같이 단맛이 거의 없는 품종은 절임이나 요리에 이용된다. 즉, 과채류는 주로 익혀 먹으며 간혹 생식하는 품종이 있고 종자를 이용하는 품종이 다수 있다.

동남아시아에는 이런 과채류에 속하는 박과 식물이 매우 많다. 오늘날 일본에서 점점 사라지고 있는 동과는 훌륭한 과채이며 수세미외는 일본 가고시마 현 이남에서 식용했으며 인도 등지에서는 중요한 과채류로 조리해 먹는다. 일본의 하눌타리의 일종은 인도에서 굉장히 훌륭한 재배 품종

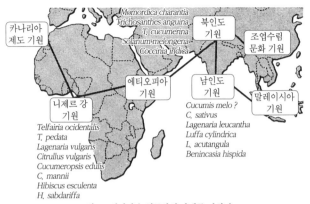

그림 20 사바나 농경문화의 과채류 기원지

으로 고급 음식으로 대우받는다. 인도부터 말레이에 걸친 지역은 그림 20에서 볼 수 있듯 과채류의 중요한 기원지이다.

한편, 아프리카의 사바나 지대에서는 특유의 과채류가 재배화되었다. 그중에서 우리가 알만 한 것은 수박과 오크라 정도이다. 그 밖에도 아프리카 특유의 과채류에는 어느 농학서에도 쓰여 있지 않을 만큼 진귀한 작물이 있다.

이렇게 사바나 농경문화는 두류에 이어 과채류도 개발했다. 다만, 비교적 전파력이 약하고 오이, 멜론, 수박, 가지, 오크라 이외에는 근대 농업에서의 존재감이 거의 없을 정도로 쇠퇴하고 있는 상황이다. 하지만 과채류는 사바나 농

재배종의 잎은
둥근 형태를 띤다

그림 21 여주의 야생종(시킴 원산종)과 재배종의 비교(위: 시킴 원산, 아래: 일본의 재래 재배품종). 야생종은 열매꼭지가 길고 열매와 종자가 작다

경문화의 기본 복합체를 만든 중요한 작물군이다. 이런 과채류 중에서 고고학이나 민족학과도 관계가 깊은 작물이 호리병박이다. 호리병박은 아프리카산과 아시아산이 동일 기원인지 별개의 종류인지에 관한 의문이 있다. 어쨌든 둘다 다면적으로 이용되고 있는 과채이다. 먼저 미숙과를 식용하는 면에서는 아프리카의 호리병박이 눈에 띈다. 호리

그림 22 아프리카의 사바나 농경문화에서 자라는 특유의 박과 식물의 일례. 텔페리아 옥시덴탈리스(Telfairia occidentalis). 열매의 크기가 60㎝에 달한다(J. Hutchinson, 1927)

병박의 미숙과는 쓴맛 때문에 약간의 가공이 필요하다. 그 대표적인 방법이 박고지이다. 호리병박의 과육을 말려 쓴 맛을 제거하고 저장용 식품으로 만든 것은 사바나 농경문화 복합체가 탄생시킨 하나의 걸작이다. 과채류의 야생 원종은 대부분 이런 쓴맛이 있기 때문에 그것을 없애는 방향으로 개량되었다. 예컨대, 오이의 야생종은 히말라야 저지대에서 많이 자라며 달걀만 한 크기의 열매를 맺는다. 그 미숙과를 먹어보면 쓴맛이 무척 강해 도저히 먹지 못할 정도이다.

호리병박을 이용하는 두 번째 방법은 완숙한 열매의 딱딱한 껍질을 용기로 이용하는 것이다. 일본에서는 술을 담는 용기로, 한국에서는 물을 푸거나 물건을 담는 바가지라고 불리는 그릇으로, 아프리카의 사바나에서는 물통 대용으로 이용하는 방법이 눈에 띈다.

인도나 아프리카 과채류의 재배종을 조사하다보면, 재배 목적이 열매인지 종자인지 쉽게 단정할 수 없는 종들이 많다. 사실 아프리카에는 오로지 종자 이용 목적으로 재배되는 종류가 많은데 수세미외나 수박의 경우도 마찬가지이다. 아프리카 특산의 진귀한 박과 식물도 실은 과육을 얻기 위해서라기보다는 종자 채취를 목적으로 재배되는 경우가 많다. 그런 점에서 사바나 농경문화에서 개발된 과채류는 다면적인 이용법이 특색이다. 미숙과를 익혀 먹는 방식, 완숙과의 단맛이 강한 품종을 생식하는 방식, 과육을 건조해 저장 식량으로 이용하는 방식, 완숙과의 딱딱한 껍질을 물을 담는 용기로 이용하는 방식 외에도 종자만 모아 식용하거나 어린 순을 채소로 먹는 경우도 많다. 이렇게 다면적인 이용 방식은 농업 발달사적으로는 오히려 원시성을 나타내는 것으로 고도의 품종 전문화가 이루어지지 못했다는 것을 보여준다. 그런 의미에서 사바나 농경문화의 수많은 과채류도 재배 식물로서는 극히 특정한 일부 예컨대 멜론, 오이, 가지, 수박 정도를 제외하면 상당히 원시적인 작물로 현대 농업에서의 존재감이 사라지고 있는 것도 무리는 아니다.

끝으로 인간이 개발한 가장 새로운 작물을 하나 소개하고 싶다. 그것은 중화인민공화국이 수립된 이후 윈난성에서 오랜 노력 끝에 재배화에 성공한 식물이다. 흔히, 라드프루트Lard fruit라고 불리는 박과의 덩굴성 식물 호지소니아Hodgsonia macrocarpa이다. 열매는 호박과 비슷하고 야생식물로는 보이지 않을 만큼 크다. 1933년 윈난 성에서 처음 발견되었으나 분포 지역은 더 넓은 것으로 알려졌다. 과육은 먹을 수 없지만 안에 달걀만 한 크기의 종자 여섯 개가 들어 있다. 이 종자의 70~80%가 기름 성분이기 때문에 라드 프루트라고 불린 것이다. 이런 진귀한 식물을 1958년 이후 윈난 성의 소수 민족 타이 족이 거주하는 지역에서 재배화에 시도해 성공했다. 인류가 개발한 가장 새로운 작물이라고 할 수 있다. 아프리카와 같이 종자 이용을 목적으로 재배된 박과 식물이다.

유료 작물의 출현

식물의 종자에서 기름을 짜내는 것은 매우 수준 높은 종자 이용 방식이다. 아프리카의 사바나 농경문화는 특히 이

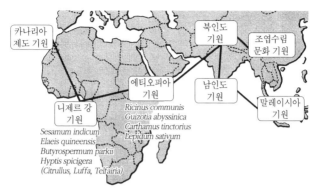

그림 23 사바나 농경문화의 유료 작물 기원지

점에 있어 놀라운 발전을 이룬다. 이런 작물의 재배와 식물유를 적극적으로 요리에 사용하는 관습은 사바나 농경문화에서도 마지막 발전기에 나타난 현상으로 아프리카 원주민들이 이룩한 공전의 대발명 중 하나였다. 유럽의 맥류 농경문화에서도 유채, 아마와 같은 몇몇 유료 작물이 탄생했지만 이들은 보리밭에서 자라던 잡초에서 기원한, 비교적 새로운 작물이다. 유럽의 신석기 시대에는 맥류는 재배했지만 유료 작물은 재배하지 않았던 듯하다.

아프리카에서 개발된 대표적인 유료 작물로 참깨가 있다. 참깨는 일찍이 맥류 재배 중심의 고대 오리엔트의 대제국에서도 재배되었다. 즉, 사바나 농경문화가 만든 유료 작물을 가져와 이용한 것이다. 사바나 농경문화에서는 마지막 단계에 속하는 작물이 인류 최초의 고대 문명국가의 초석이 되었다는 시간 관계가 성립한다. 참깨는 그 후 맥류 농경 문명에 미친 영향이 적고 지중해 주변이나 유럽에서도 크게 이용되지 않았지만 동방으로 전파되어 인도, 중국, 일본 등에서 가장 중요한 유료 작물로 정착했다.

아프리카에서는 참깨 이외에도 기름야자Elaeis quineen-sis, 시어버터Butyrospermum parkii와 같은 중요한 수목성 유료 작물이 탄생했는데 그중 기름야자는 그 가치를 알아본 유럽인들에 의해 전 세계 열대 지방에서 플랜테이션 방식으로 재배되고 있다. 사바나 농경문화 초기, 팔미라야자와 타마린드가 아프리카에서 인도로 전파되었지만 기름야자와 시어버터가 전파되지 않은 것은 그 이용과 재배화의 절대 연대가 늦었기 때문일 것이다. 또 초본성 식물로는 피마자와 니거 종자Guizotia abyssinica 등이 세계적인 유료 작물이 되었다. 니거 종자를 아는 사람은 많지 않지만 인도에서는 꽤 중요한 식물로 정착했으며 북미에서도 새롭게 도입해 재배를 시작한 국화과의 초본 식물이다. 염료용 식물로도 알려진 홍화Carthamus tinctrius는 세계적으로 뛰어난 유료 작물이다. 일본에서도 매년 홍화 종자를 수입해 기름을

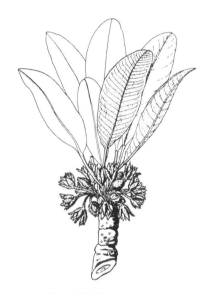

그림 24 시어 나무(J. Hutchinson, 1926)

짜는 데 이용하고 있다. 이 홍화만큼은 아프리카가 아닌 서
북 인도가 기원지일 가능성이 있다. 그 밖의 아프리카 특산
품종으로 차조기와 비슷한 힙티스Hyptis라는 작물이 있다.
유료 작물이 전혀 개발되지 않은 동남아시아 근재 농경문
화와 달리 아프리카는 유료 작물 개발에 두드러진 성과를
거두었다. 사바나 농경문화의 중심지 인도 역시 유료 작물
은 거의 전면적으로 아프리카에 의존했다.

결국 오늘날 유료 작물은 아프리카 기원의 여름 작물 그

룹과 맥류 농경문화의 겨울 작물 그룹 그 밖에는 신대륙 기원의 여름 작물인 해바라기 정도가 있을 뿐이다. 그 후 최신 기술을 이용해 코코야자나 카폭의 종자에서 기름을 얻는 방법이 발달했다.

사바나 농경문화의 작물군

사바나 농경문화는 잡곡을 인류의 식량으로 재배화하는 데 성공했다. 감자류와 달리 저장과 운송이 편리한 식량 개발에 성공한 것이다. 잡곡의 식량화에 두류 재배가 더해지고 부식으로 과채류까지 개발되면서 근재 농경문화의 농산물에 비해 영양 균형이 좋은 식량을 확보할 수 있게 되었다. 또 유료 종자를 재배해 식물유까지 얻게 된 사바나 농경문화는 농업만으로 거의 완전한 영양 보급이 가능해졌다. 벼는 다음 장에서 이야기하겠지만 사바나 농경문화의 주변 습지 즉, 서아프리카와 인도 동부에서 습생 잡곡으로 개발된 것이다.

사바나 농경문화에서 개발된 재배 식물은 모두 여름 작물이라는 특징이 있다. 말하자면, 몬순기를 이용하는 작물로 고온에 적응해 가을의 낮이 짧은 시기에 꽃이 피고 결실을 맺는 것이 기본 형태이다. 이런 특징은 지중해 지역에서 발생한 맥류나 완두콩 등을 주력으로 재배하는 온대 지방의 겨울 작물이 낮이 긴 시기에 꽃을 피우는 것과 뚜렷이 구분된다. 사바나 농경문화 작물군의 또 다른 특징으로는 감자류가 없다는 점이다. 땅속에서 자라는 콩까지 재배화했지만 감자류는 전혀 없다. 굳이 찾자면, 인도와 아프리카에서 재배되는 콜레우스Coleus spp.라는 순형과의 감자류가 있지만 이것은 순수한 사바나 농경문화의 작물은 아니라고 생각하는 편이 타당하다. 한때 인도 반도 부근에 퍼졌던 근재문화가 사바나 문화로 대체된 지역에서 기원했기 때문이다.

인도와 아프리카는 같은 사바나 농경문화권이기는 하지만 저마다 특유의 잡곡과 두류가 있고 차이도 크다. 기원지로 따지면 아프리카는 소르검과 펄 밀렛, 인도는 조와 기장이 발생한 지역으로 주로 재배되는 잡곡의 종류도 전혀 다르다. 두류도 거의 비슷하게 나뉘기 때문에 같은 사바나 농경문화 지대라고 해도 인도와 아프리카는 각각 동일한 환경 아래 평행적으로 발달한 것이 아닐까 하는 의심도 든다. 하지만 두 지역의 작물군을 자세히 비교하면 같은 뿌리에서 전개된 차이로 보는 편이 합리적이다. 그 이유는 두 지역을 잇는 지표 역할을 하는 재배 식물이 존재하기 때문이

그림 25 팔미라야자. 인도 신화 라마야나 속 라마 신은 팔미라야자 열매를 볼 때마다 빼앗긴 아내 시타의 풍만한 가슴을 떠올리며 그리워했다고 한다. 이 신화는 기원전 500년경에는 완성되었다고 전해진다

다. 예컨대, 잡곡 중에서는 손가락조가 사바나 농경문화의 지표 식물이며 두류에는 동부콩Vignasinensis(이 이름은 중국산을 뜻하지만 원산지는 아마도 아프리카) 등을 들 수 있다. 유료 작물로는 참깨가 있고 과채류는 수세미외와 호리병박이 있다. 이런 작물들이 모두 아프리카 원산일 가능성이 높은 것은 사바나 농경문화의 제1차 발생지가 아프리카라는 것을 추정케 한다.

이런 추정은 과수나 야자류를 조사해보면 더욱 명확해진다. 인도부터 말레이시아에 걸친 지역에서 재배되는 타마린드의 수목과 팔미라야자를 살펴보자. 타마린드는 예부터 유럽의 문서 등을 통해 널리 알려졌지만 유럽에서 재배되지 않았다. 한편, 인도에서는 아주 오랜 시대부터 식용으로 널리 이용되었다. 이 타마린드의 원산지가 아프리카의 니제르 강 유역으로 밝혀졌다. 또 팔미라야자는 부챗살 모양의 잎이 달리는 야자나무로 인도의 농촌에서 흔히 볼 수 있는 종류이다. 농가 주변에는 대부분 이 팔미라야자가 심어져 있을 만큼 인도적인 풍물로 자리 잡았다. 이 야자나무는 미숙과의 과육을 먹거나 야자술을 만드는 등 다양한 용도로 쓰인다. 팔미라야자의 원산지는 에티오피아부터 탕가니카에 걸친 동아프리카 지역이다. 이렇게 인도에 깊이 뿌리 내린 타마린드와 팔미라야자가 모두 아프리카에서 왔다는 것은 큰 의미를 갖는다. 그리고 이 두 식물은 원산지인 아프리카보다 인도에서 더욱 중요한 위치를 점하며 발달했다.

　추정컨대 타마린드와 팔미라야자는 사바나 농경문화가 아프리카에서 잡곡의 재배화 즉, 완전한 농업 단계로 들어가기 직전에 인도로 전파되었을 것이다. 그 뒤를 이어 다년생 잡곡이 아프리카에서 인도로 전해졌다. 지금의 존슨 그래스Johnson grass/Sorghum halepense이다. 이 식물은 영국인이 사료 작물로 인도에 도입한 기록이 남아 있는데 실은 그 이전에 이미 아프리카에서 도래했다. 야생 상태로 자라며 빈민들이 낟알을 모아 식용으로 이용했을 뿐 작물로 재배되지 못하고 결국 일년생 잡곡류의 재배화 혹은 도래와 함께 방치되었다. 이처럼 사바나 농경문화는 아프리카에서 오랜 기간 발달했으며 그 초기 문화가 인도에 전파되면서 인도 특유의 사바나 농경문화의 잡곡과 두류 그리고 과채류를 탄생시켰다. 그리고 기원전 1천 년부터 원년 경 다시 인도와 아프리카 사이의 급속한 재배 식물의 상호 전파가 일어나면서 대부분 근세와 같은 모습이 되었다.

사바나 농경문화에서 개발된 잡곡류의 염색체수를 조사해보면, 의외로 배수체 이용이 활발했다. 펄 밀렛과 조를 제외하면 오늘날 경제적 가치가 높지 않은 잡곡류까지 고배수체가 주로 이용되었다는 것을 표 7을 통해 알 수 있다. 잡곡은 염색체수로 보면 4배체가 가장 많고 6배체도 있다. 이렇게 곡류의 배수체 이용이 활발했다는 점에서 소맥, 귀리류와 비교된다. 맥류 중에는 대맥, 호밀과 같이 2배체만 이용된 종류와 소맥, 귀리와 같이 6배체가 주로 이용된 종류가 모두 있다. 요컨대, 잡곡의 배수체 이용은 맥류와 거의 비슷한 수준으로 발달했다고 볼 수 있다.

한편, 재배화된 잡곡의 통유성을 살펴보면 여름에 생육하고 낟알이 작은 것 외에도 모두 일년생이라는 특징이 있다. 이 점은 잡곡뿐 아니라 맥류, 옥수수 그리고 대부분의

표 7 사바나 농경문화에서 개발된 곡류의 염색체 배수성

종		명칭	염색체수(2n)	배수성
Digitaria	x = 9			
exilis		포니오	54	6배체
sanguinalis		마나 그래스	36	4배체
Pennisetum	x = 7			
typhoides		펄 밀렛	14	2배체
Sorghum	x = 5(10)			
vulgare		소르검	20	4(2)배체
Oryza	x = 12			
glaberrima		글라베리마 벼	24	2배체
sativa		벼	24	2배체
Eragrostis	x = 10			
abyssinica		테프	40	4배체
Eleusine	x = 9			
coracana		손가락조	36	4배체
Setaria	x = 9			
italica		조	18	2배체
Panicum	x = 9			
miliaceum		기장	36	4배체
miliare			36	4배체
Paspalum	x = 10			
scrobiculatum			40	4배체
Echinochloa	x = 9			
frumentacea		피	54	6배체
utilis		피	54	6배체

x: 기본 유전체 염색체 수
n: 배우자 염색체 수

두류와 과채류와 채소류에 공통된 재배 식물로서의 중요한 특성이다. 특히, 잡곡류는 지금도 아프리카와 인도의 원산지에서 야생 상태로 이용되고 있는 근연종을 조사해보면 일년생이라는 특성이 잡곡의 재배화와 관련이 깊다는 것을 알게 된다. 예컨대, 아프리카에서 조나 기장의 동속 식물은 야생종이 식용으로 이용되었으며 재배화되지 못했다. 그들은 대부분 다년생 식물이었다. 그런데 인도에서 조나 기장의 동속 식물은 일년생 식물의 비율이 높다. 그렇기 때문에 인도에서 조나 기장의 동속 식물이 재배화될 수 있었던 것이다. 바랭이와 비슷한 원시 작물 포니오나 마나 그래스도 재배화에 적응한 일년생 식물군이라는 것을 생각하면 이런 잡곡이 개발된 것도 이상한 일이 아니다. 수많은 야생 볏과 식물 중 일년생 식물만이 작물로 재배화되었다. 이런 사실은 최초의 농업이 어떤 과정으로 시작되었는지를 고찰하는 중요한 단서가 된다.

일년생 볏과 식물과 다년생 볏과 식물은 생태학적으로 중대한 차이가 있다. 간단히 말해, 일년생 볏과 식물은 몬순기후 지대에서 오랫동안 안정적인 군락을 이루지 못한다. 예를 들어, 홍수로 물이 불었다 빠진 노출지에는 이듬해 일년생 볏과 식물의 대군락이 생긴다. 그 종자는 원시인들에게는 하늘의 축복이었을 것이다. 그런데 또 한 해가 지나면 그 유용한 풀들이 점점 줄어들고 다년생 풀들이 자란다. 수년 후에는 천연의 잡곡 밭을 이루던 그 식물이 완전히 모습을 감춘다. 보통 일년생 식물들은 안정된 식생을 이루지 못하고 다년생 볏과 식물들이 자라는 사바나로 바뀌게 된다. 만약 원시인들이 야생 낟알을 채집하는 것에만 의지해 생활한다면 다년생 볏과 식물을 통해 매년 안정된 수확을 기대할 수 있었을 테지만 일년생 볏과 식물의 낟알을 채집하면 수확은 불안정할 수밖에 없다. 그런데 초원을 인위적으로 노출시키는 등의 이른바, 경작을 하게 되면 금방 일년생 볏과 식물을 통한 수확을 기대할 수 있다.

하지만 다년생 식물의 군락에서는 인위적인 개량이 쉽지 않다. 다시 말해, 일년생 볏과 식물의 군락은 불안정하기는 하지만 그만큼 인위적인 개량을 통해 군락을 만들기 쉽다. 즉, 농업의 시작은 인위적으로 일년생 볏과 식물의 군락을 만들어내는 것이었다.

그렇다면 과연 최초의 잡곡 농업에서는 어떤 작업이 가장 먼저 이루어졌을까. 이것은 여간 어려운 문제가 아닐 수 없다. 일단, 가장 먼저 대답할 수 있는 것은 사바나 지대는 초원을 태우는 것만으로는 농업의 출발점이 될 수 없다는 것이다. 사바나 식생에서는 건조한 겨울에 초원의 풀을 태우면 오히려 다년생 볏과 식물의 순수 군락이 생기고 일년생 식물은 줄어드는 결과를 초래한다. 아프리카에서 개발된 두 가지 유료 작물, 기름야자와 시어 나무는 이런 조건에 적응해 인간에게 유리한 작물로 진화했지만 일년생 볏과 식물은 그렇지 않다. 오늘날 아프리카 원주민들의 농경을 살펴보면 최초의 농업에 대한 몇 가지 해답을 유추해볼 수 있다.

니제르 강 중류부터 케냐, 탕가니카에 이르는 지대에는 다양한 원시 농경 방식이 남아 있다. 그중에는 우기雨期가 되기 전 다년생 볏과 식물이 자라는 초원의 마른 풀들 사이에 손가락조의 종자를 흩뿌리는 방법이 있다. 흙을 덮거나 밭을 갈아주지도 않는다. 그러다 싹이 트면 사람이 직접 잡초를 일일이 손으로 뽑는다. 물론, 완벽한 제초는 불가능하지만 하지 않는 것보다는 낫다. 땅을 일구지 않고 파종과 제초만 하는 농법이다. 어쩌면 잡곡 농업은 이런 방식으로 시작된 것이 아닐까.

사바나 농경문화의 기본 복합체

사바나 농경문화는 잡곡과 두류 그리고 과채류와 유료 작물에서 주요 식량을 얻었다. 이런 작물을 식용하려면 상당한 노력이 필요하다. 근재 농경문화의 바나나, 사탕수수, 감자류는 솥이 없어도 요리해 먹을 수 있다. 감자류는 직접 불에 넣어 구우면 된다. 실제 오세아니아나 뉴기니에서는 지금도 솥 없이 생활하는 사람들이 있다. 하지만 사바나 농경문화에서 개발된 식량은 대부분 솥이 없으면 식용하기 힘든 것들이 많다. 그래서 사바나 농경문화는 아주 초기 단계부터 물을 붓고 가열할 수 있는 용기 즉, 질흙으로 만든 솥의 이용이 전제가 된다. 이른바, 토기와 함께 발달한 완전한 신석기 시대의 농경문화이다.

잡곡을 먹는 방식을 보면, 아시아에서는 거의 낟알 그대로 조리해 먹었다. 일본에서는 조나 기장 모두 낟알 그대로 조리했다. 이때 현미를 백미로 만들 듯 정미精米를 하면 더욱 먹기 편하다. 하지만 잡곡의 낟알은 굉장히 작다. 벼룩처럼 작은 낟알의 속껍풀을 벗기는 방법이 문제였다. 이런 난제는 절구와 절굿공이라는 간단한 도구로 해결되었다. 하지만 발생적으로 볼 때 절구와 절굿공이는 본래 정미보다는 매갈이용으로 이용되다 점차 정미 과정에도 도입된

그림 26 인도, 미얀마 국경의 트리푸라 힐에서 화전 농경민이 방아를 찧는 모습. 매갈이와 정미를 한 번에 해결한다. 이렇게 서서 찧는 방식이 사바나 농경 문화 지대 전역에 잔존하고 있다

것이다. 현재도 일본과 중국 이외의 아시아, 아프리카의 잡곡 농민들은 곡물을 왕겨 그대로 저장했다 필요할 때마다 절구에 빻아 매갈이와 정미를 한 번에 해결하는 일이 많았을 것으로 추정한다.

앞서 손가락조가 잡곡 문화 영역의 지표 식물이라고 말한 바 있는데 그 지역 전체에 걸쳐 공통적으로 볼 수 있는 절구와 절굿공이는 막대 모양의 공이를 이용해 서서 찧는 형식이다. '달에서 옥토끼가 방아를 찧고 있는' 그런 모습이다. 아시아부터 아프리카까지 널리 분포된 방식으로 아시아에는 공이가 크고 긴 것이 많고 아프리카에는 공이가 짧은 것이 많은 정도의 차이가 있을 뿐이다. 원칙적으로 집 밖에서 작업이 이루어지기 때문에 비가 적은 건조한 사바나 지대에 적합한 형태이다. 한편, 비가 많이 오는 동남아시아나 중국, 일본 등에서는 발로 밟는 디딜방아가 발달했다.

잡곡을 먹는 또 다른 방법으로 분식粉食이 있다. 아프리카와 인도에서 주로 이용되는 방식이다. 오늘날 아프리카에서 널리 쓰이는 제분 방식은 절구의 회전 운동이 아닌 왕복 운동을 이용한다. 고대 이집트의 조각에도 남아 있는 이 제분법은 빨래판처럼 생긴 넓적한 돌 위에 곡식을 올려놓고 다른 돌로 문질러 가루로 만드는 방식이다. 이 제분기는 새들 퀸saddle quern이라고 불린다. 쓰다 보면 밑에 받친 갈판 가운데가 닳아 말안장과 같은 모양이 되기 때문이다.

아프리카의 잡곡 재배 농민들은 지금도 고대 이집트 시대와 똑같은 이런 제분기로 곡식을 제분한다. 인도에서는 손으로 찧는 돌절구가 일반적이지만 과거에는 새들 퀸을 사용했을 것이다. 지금도 인도 서부의 가정에는 향신료를 빠는 도구로 새들 쿈을 갖추고 있기 때문이다. 또한 신대륙에서 독립적으로 발생한 옥수수 재배 농민들 역시 새들 쿈을 사용했다.

한편, 사바나 농경문화에서는 손괭이를 이용한 경작법이 발달했다. 소가 쟁기를 끌어 밭을 일구는 방식은 맥류 농법에서 온 것이다. 농기구의 성격상 근재 농경문화의 뒤지개는 점파, 사바나 농경문화의 괭이는 조파에 적합하며 쟁기는 산파에 용이하다. 중국와 인도에서는 조파 재배가 발달했으며 쟁기를 사용하게 된 후에도 잡곡뿐 아니라 맥류 농경에까지 조파식이 기준이 되었다.

중국과 인도의 잡곡 재배에 조파 재배가 발달한 또 다른 이유는 제초 때문이었다. 여름 작물인 잡곡 농경이 잡초와의 전쟁이 된 것은 사바나 농경문화의 숙명이라고 할 수 있다. 잡초가 작물의 생장에 방해가 되는 것은 맥류 재배의 경우도 마찬가지라고 생각하는 사람이 있을지 모르지만 그렇지 않다.

요컨대, 사바나 농경문화의 작물과 잡초는 절대적인 경쟁 관계이다. 한편, 맥류의 잡초는 인간의 입장에서 볼 때 서로 보충 관계에 있는 경우가 상당히 많다. 구체적인 내용에 관해서는 뒤에서 설명하기로 한다. 그 결과 생겨난 두 작물군의 차이 중 한 가지는 맥류 재배에 나타난 잡초 중에서 다수의 재배 식물이 개발되고 기원상으로도 이차 작물이라고 불리는 종류를 다수 탄생시켰지만 사바나 농경문화에서는 단 하나의 이차 작물도 나오지 않았다.

잡곡을 파종하고 제초에 공을 들인다. 그것이 사바나 농경문화가 걸어온 길이었다. 기계는 물론 가축분의 이용도 크게 발달하지 않았다. 매년 같은 땅을 일구고 휴한하지 않았다. 맥류 농경문화 초기에 볼 수 있는 곡초식, 이포식과 같은 방식도 나타나지 않았다. 사바나 농경문화는 잡곡의 생산량을 늘리는 방법으로 인간의 노동력 즉, 치밀한 제초에 힘을 쏟았다. 그러다보니 경영 면적의 증대는 일찌감치 벽에 부딪칠 수밖에 없었다. 농업 생산성의 정체는 농업 생산에 기초를 둔 고급문화의 정체로 이어졌다.

가축의 부재 역시 사바나 농경문화의 발생적 약점 중 하나로 볼 수 있다. 사바나 농경문화의 분포 지역과 제부zebu의 분포가 상당히 일치한다는 점에서 제부를 잡곡 농업과 연관 지어 같은 문화 복합체에서 가축화되었다고 주장하는 학자도 있다. 하지만 제부가 꼭 초기 잡곡 농업과 연관이 있는 것도 아니고 오늘날 사바나 농경문화의 기본 복합체에서 제부와 잡곡 재배가 유기적으로 결합한 것도 아니다.

사바나 농경문화에는 본래 가축이 없었지만 그 후의 발전 과정에서 다각적으로 가축을 받아들였다고 보아야 할 것이다.

하지만 사바나 농경문화는 잡곡 이외에도 두류를 재배하고 부식으로 과채류를 개발했으며 유료 작물까지 재배해 식물유를 이용했다. 식물 생산물만으로 영양적으로 거의 완전한 식량 체계를 만드는 데 성공한 것이다. 이는 녹말이나 당류에 편중된 근재 농경문화와 비교하면 훨씬 뛰어난 점이다.

인도의 디딜방아. 벵골어로 '덴키(Dhenki)'라고 불리는 이 기구를 이용해 매갈이와 정미를 동시에 한다. 주로 실내에서 작업한다.

제5장 벼의 기원

벼는 습지의 잡곡

사바나 농경문화는 건조한 열대 사바나 지대에서 여름철 몬순 우기에 자라는 볏과 식물의 낟알을 채집해 식용하면서 시작되었다. 그렇게 야생 볏과의 낟알을 식용으로 이용하게 된 사람들이 사바나 지대를 떠나 비가 많이 오는 지대로 옮겨 가면서 건조한 사바나와 다른 습생 볏과 식물의 군락을 만난다. 그중 인간의 선택을 받아 수전水田이라는 새로운 재배 환경에서 재배된 잡곡이 바로 벼이다. 따라서 아프리카와 인도에 걸친 사바나 주변 즉, 그 양 끝에 해당하는 인도 동부와 서아프리카에서 벼가 개발되었다는 견해는 타당하다.

서아프리카에서 독립적으로 개발된 벼는 오리자 글라베리마Oryza glaberrima라고 불리는 독특한 종류로 니제르 강 중류와 팀북투 부근 등의 다소 습한 지역에서 재배되고 있다. 아프리카에는 본래 순수한 야생 벼류가 다수 생육했으며 그 낟알을 채집해 이용했다는 보고도 많다. 사바나에서 야생 볏과 식물의 낟알을 채집해 이용한 것과 똑같은 현상이다. 벼가 습지에서 자란다는 점만 다를 뿐 농경문화 기본 복합체의 유형으로는 다른 잡곡과 같은 범주에 들어가는 것이다. 벼를 잡곡 농경의 복합체와 구별해야 할 이유는 전

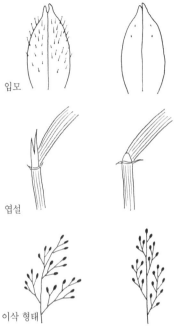

입모

엽설

이삭 형태

그림 27 오리자 사티바(아시아의 벼/왼쪽)와 오리자 글라베리마(아프리카의 벼/오른쪽)의 형태 비교

허 없다. 벼는 습지에서 자라는 잡곡이다.

아시아의 경우는 조금 더 복잡하다. 하지만 기본 복합체를 분석해보면 역시 벼는 아시아에서도 여름철에 생육하는 잡곡류 중 하나로 다른 잡곡과 따로 구분할 이유가 없다. 즉 '벼 농경문화' 등과 같은 복합체는 존재하지 않으며 근재

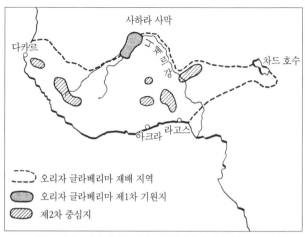

그림 28 서아프리카 원산 오리자 글라베리마의 기원지와 분포 지역

농경문화 복합체의 영향을 받은 사바나 농경문화 복합체라고 할 수 있다.

하지만 아시아에서 개발된 벼는 농업에 있어 중요한 위치를 점하며 많은 부분에서 아시아의 역사를 규정해왔을 뿐 아니라 인류의 미래에도 큰 영향을 미칠 것이 틀림없기 때문에 자세히 다뤄보고자 한다.

아시아 원산의 벼Oryza sativa는 인도 동부에서 기원했다고 이야기한 바 있다. 이 원산지에 대해 학자들 사이에는 다양한 이견이 있다. 중국 기원설, 인도차이나 반도 기원

표 8 벼 속 이외의 인도에서 채집, 식용하는 야생 볏과 식물의 잡초

학명	생육 환경
Brachiaria deflexa	건조 지대의 습지
Ischaemum rugosum(타이완 모새달)	습지 혹은 수생
Sacciolepis interrupta	침수가 잦은 땅 혹은 수생
Echinochloa colonum	수습지
E. stagnina	수생, 다년생(겨울에는 마른다)
Zizania latifolia(줄풀류)	수생
Hygroryza aristata	수상부초
Glyceria tonglensis	산악 고지의 습지

설, 인도 기원설 등 다양하다. 이런 여러 견해들 가운데 습생의 야생 잡곡을 채집해 이용했다고 하는 벼 식용화의 기원과 직접적인 연관이 있는 곳으로 가장 유력시되는 지역은 인도이다. 인도는 문화 복합체로 추정하는 지역과 식물학적으로 가장 유력시되는 지역과도 일치한다.

현재 인도에서 채집, 식용되는 습생의 야생 낟알은 표 8에서 볼 수 있듯 생각보다 많은 종류가 있다. 습생 혹은 수생하는 볏과 식물의 야생 잡곡 중 세계적으로 가장 많은 종류는 줄풀류Zizania spp.일 것이다. 이 줄풀류는 인도는 물론 중국의 양쯔강 지역에서도 기원전 당시 오나라와 월나라에서 식용했다는 기록이 남아 있다. 줄풀류가 식량으로 가장 크게 활약한 것은 북미 지역으로 지금도 와일드 라이스라

고 불리며 식용되고 있다.

아시아와 아프리카에서 가장 중요한 야생 잡곡은 피류 Echinochloa spp.로, 그중 두 종류가 재배화되었다. 피류는 일년생과 다년생 모두 다양한 종류가 있는데 재배화된 것은 일년생뿐이다.

인도에는 다양한 습생의 야생 잡곡이 있지만 다른 동남 아시아 지역에서는 거의 찾아볼 수 없다는 점도 인도를 벼 재배의 기원지로 보아야 할 주된 이유이다. 또 한 가지 흥미로운 현상은 야생 잡곡이 오늘날 벼농사의 걸림돌이 된 잡초가 되었다는 점이다. 그중에서도 눈에 띄는 것이 바로 피류이다. 재배 벼가 동남아시아에서 전 세계로 전파되면서 재배 벼의 잡초인 피류도 함께 전 세계 수전으로 퍼졌다. 피류는 유럽의 신석기 시대에는 존재하지 않았지만 역사가 시작된 이래 야생 식물로서 유럽에까지 침투했다. 일본까지 도래하지는 않았지만 동남아시아의 열대 수전 지대나 인도에 많은 타이완 모새달Ischaemum rugosum이 전파되었다. 이삭이 가늘고 딱딱하며 낟알도 작지만 식용으로 이용되었다. 이 식물의 줄기는 야생 피와 같이 벼를 모방해 몸을 숨기기 때문에 제초가 어렵다. 인도에서 다양한 변종이 생겨났으며 피와 같이 열대 아시아에 널리 분포한 것으로 추정된다.

벼의 기원은 이런 습생의 야생 잡곡을 채집해 이용하다 그중에서 뛰어난 종을 선별해 재배화한 것으로 여겨진다. 벼 다음으로 수생 잡곡으로 이용 가치가 높았던 것이 피류이며 타이완 모새달, 하이그로리자Hygroryza aristata(동파키스탄에 재배 흔적이 남아 있다) 등이 있었을 것이다. 한편, 아시아의 줄풀류는 생육이 강건하고 굵은 낟알을 쉽게 수확할 수 있었지만 다년생이었기 때문에 끝내 재배 식물로 개발되지 못했다.

재배 벼의 개발

아시아 원산의 재배 벼가 어떤 야생 식물에서 어떤 과정을 거쳐 재배화되었는지에 관해서는 분명히 단정할 수 없는 상황이다. 이 문제에 대해 구체적으로 살펴보자. 재배 벼는 모두 일년생으로 재배되었기 때문에 일년생 식물의 성질을 갖게 되었다. 그런데 인도에서 타이완에 걸친 지대에는 일년생의 야생형 벼가 존재한다. 이 식물의 학명은 여러 동의어가 있지만 여기서는 오리자 파투아Oryza fatua라고 부르기로 한다. 재배종은 오리자 사티바이다. 이 오리자 파투아는 보통 사람들이 보기에는 재배 벼와 매우 비슷하다. 이 야생형 벼와 재배 벼를 한눈에 구별할 수 있다면 벼에 관해 정통한 사람일 것이다. 오리자 파투아는 줄기의 높이와 형태가 재배 벼와 거의 비슷한데 줄기가 곧게 자라기보다 약간 비스듬히 자라는 성질이 재배종과 구별되는 점이다. 이삭의 형태는 재배 벼와 같고, 낟알에 붉은 까끄라기가 있는 것이 통유성인데 이런 형질은 재배 벼의 품종에서도 종종 볼 수 있다. 낟알의 크기는 재배 벼의 낟알이 작은 종보다는 크고 낟알이 큰 종보다는 작다. 다시 말해, 오리자 파투아는 낟알의 크기로는 재배 벼와 구별할 수 없다. 이 야생형 벼가 재배 벼와 구별되는 가장 큰 특징은 낟알이 여물면 이삭에서 떨어진다는 점이다. 또 한 가지 차이점은 야생형 벼는 농민에 의해 재배되지 않고 수전 가장자리나 연못가 등에 자생하며 종종 재배 벼 사이에 섞여 잡초로 생육한다는 것이다. 즉, 야생적인 성질을 다수 지닌 야생종에 가까운 식물이다. 예컨대, 씨를 뿌리면 싹이 트는 시기가 고르지 않고 출수기도 더디기 때문에 출수기와 성숙기가 고른 재배 벼와 큰 차이가 있다. 그런데 이런 오리자 파투아는 재배 벼와 자유로운 교잡이 가능하며 그 자손들도 정상적으로 생육한다. 이런 점을 모두 종합하면, 비교적 간단한

그림 29 오리자 파투아의 자생 상태. 수전의 용수로 등에서 제멋대로 자라는 경우가 많다(인도, 뱅골 주 북부에서)

결론이 나온다. 야생의 오리자 파투아 종자를 채집해(지금도 인도의 일부 지역에서 채집, 이용되고 있다) 재배 벼를 만들어냈다는 것이다. 두 품종의 유전성으로 볼 때도 큰 문제가 없는 만큼 이것으로 벼의 기원 문제를 해결했다고 볼 수 있을 듯하다.

그런데 여기에는 또 다른 문제가 있다. 오리자 파투아라는 식물이 진짜 야생 식물인지 아닌지 확실치 않다는 점이다. 인도부터 타이완에 걸친 각 지역에 분포한 이 볏과 식물의 종류를 조사해보니 상세한 부분에서 큰 차이가 있었다. 그 차이는 아무리 원산지가 한참 떨어져 있다고 해도 동일종으로 보기 어려울 정도였다. 이런 차이가 생기는 원인은 생육지 주변의 재배 벼와 자연 교잡한 야생형 오리자 파투아가 재배 벼로부터 물려받은 유전자를 가지고 있기 때문이다. 즉, 지금 볼 수 있는 오리자 파투아는 순수한 야생 식물이 아니라 재배 벼와의 '혼혈종'이라는 것이다. 과거에는 오리자 파투아의 순혈종이 있었고 지금도 어딘가에 남아 있을 것이라는 추정은 가능하지만 아직까지 어떤 학자도 오리자 파투아의 순혈종을 단정하지 못했다.

인도와 동남아시아에는 또 다른 재배 벼의 근연인 오리자 페레니스Oryza perennis라는 야생 식물이 있다. 이 식물은 다년생으로 재배종과 상당히 다른 성질을 지녔다. 오리자 페레니스는 몬순 우기에 물에 잠기는 장소에서 주로 생육한다. 우기에 물이 깊어질수록 줄기를 길게 뻗는 성질을 가진 이 식물은 땅에서 3미터나 되는 수면 위까지 자란다. 뿌리는 물론 땅 속에 있지만 물에 잠긴 줄기 마디에서도 곁뿌리가 나온다. 재배 벼 중에도 이런 성질을 지닌 품종이 있는데 이를 '부도浮稻'라고 한다.

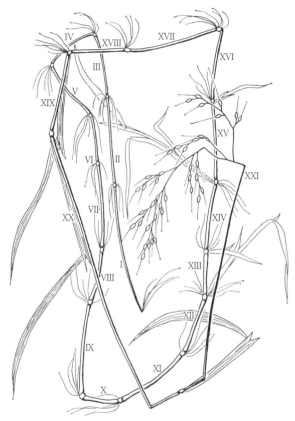

그림 30 오리자 페레니스. 인도 벵골 주 북부의 표본을 바탕으로 그렸다. 발아한 첫 번째 줄기 마디부터 21번째 마디에서 이삭이 나온다. 일본 재배 벼의 약 2배에 이르는 줄기 마디를 형성하며 부도형(浮稻型) 생육을 한다. 줄기 마디에서 곁뿌리가 나온다. 12~15번째 마디에서 곁가지가 나오는데 이삭은 패지 않는다. 각각의 마디 사이가 고르지 못한 점에 주의. 본잎은 3장만 남아 있다

오리자 페레니스의 잎과 줄기는 재배 벼에 비해 조금 가늘다. 이삭은 가늘고 길쭉한 형태로 분지도 많지 않고 낟알은 성기게 맺는다. 하지만 낟알의 크기는 재배 벼와 거의 비슷하다. 오리자 페레니스의 군락은 일반인이 보기에도 재배 벼와 다르다는 것을 알 수 있을 것이다. 그런데 이 오리자 페레니스가 재배 벼와 자유롭게 교잡하고 그 자손도 정상적으로 생육한다. 유전학적으로도 매우 가까워서 순수 야생 식물인 오리자 페레니스로부터 재배 벼가 나왔다고 해도 지장이 없을 것이다. 그렇다면 오리자 파투아는 오리자 페레니스로부터 재배 벼가 탄생한 이후 재배 벼와 오리자 페레니스가 교잡한 자손 중에서 나온 것이라는 설명이 된다. 인도 오리자 주의 쿠타크라는 도시에 있는 인도 중앙 벼연구소 소장 리차리아 박사가 이 설을 주장했다. 그는 인도 전체의 벼 연구 성과를 이용하고 지도하는 위치에 있는 만큼 그 설을 뒷받침할 근거는 많다.

그런데 최근 일본 학자가 뉴기니에서 오리자 파투아를 발견했다. 그곳은 근재 농경문화권으로 벼 재배를 하지 않던 곳이었다. 리차리아 박사의 주장대로라면 오리자 파투아가 있을 리 없는 지역이다. '순혈종' 오리자 파투아가 존재할 가능성은 여전히 남아 있다. 이런 의문이 모두 풀릴

때까지 재배 벼의 기원에 대해서는 확실히 단정할 수 없다. 앞으로도 동남아시아의 야생 벼에 관한 철저한 조사와 연구가 필요하다.

재배 벼의 발달

오늘날 전 세계의 벼는 크게 두 가지 군으로 나눌 수 있다. 아프리카계 오리자 글라베리마와 아시아계 오리자 사티바를 가리키는 것이 아니다. 아프리카계 벼는 농업에 큰 비중을 차지하지 않을 만큼 한정적이기 때문이다. 즉, 아시아계 벼에 그 두 가지 그룹이 존재하는 것이다. 또한 자포니카와 인디카라고 불리는 아시아계 벼의 2대 구분법과도 차이가 있다.

전 세계 벼 재배의 본고장인 열대 지역의 인도와 동남아시아에서는 벼의 품종군을 크게 두 가지로 구분한다. 그 두 가지 품종군을 인도 캘커타 부근에서는 아우스Aus와 아만Aman이라고 부른다. 두 가지 품종군의 주된 차이는 서로 다른 재배 시기에서 비롯된다. 조생종인 아우스 군은 온난지수가 높은 열대에서는 언제든 파종과 수확이 가능하다. 극단적인 예로 겨울철에 재배되는 보로Boro라는 품종도 있다. 하지만 인도에서는 아우스가 아닌 아만 군을 주로 재배한다. 이 아만 품종은 파종을 4월에 하든 5월에 하든 혹은 7, 8월에 파종을 하더라도 늦가을인 11월경에 출수하는 성질이 있다. 가을이 되어 일조 시간이 짧아지면 출수하는 성질이 있기 때문이다. 벼의 이런 성질을 감광성感光性이라고 하며, 아우스 군과 같이 일조 시간보다 재배 시기의 적산 온도량에 반응해 출수하는 성질을 감온성感溫性이라고 한다.

이 두 가지 성질은 벼 농업에 매우 중요한 요소로 그 차이에 따라 품종별 재배 계절이 달라진다. 동남아시아 각지에서는 1기작, 2기작 혹은 여름 벼, 겨울 벼 등으로 구분한다. 일본의 벼 즉, 자포니카라고 불리는 벼는 위와 같은 구분으로 보면 아우스 군에 포함된다고 할 수 있다. 한편, 자바에서는 예부터 벼의 품종을 체레tjereh와 불루bulu라는 두 종류로 크게 구분했는데 체레는 인도의 아만군과 같고 불루는 다른 의견도 있지만 자포니카에 가까운 즉, 위와 같은 구분으로 볼 때는 아우스군에 속한다. 이런 분류법에 대해 학자들 사이에서는 다양한 의견이 있으며 아직 최종적인 결론은 내려지지 않았지만 개관적으로 이 두 가지 품종군에 대한 분류를 받아들이는 것이 좋을 듯하다.

그 밖에도 밭벼, 찰벼, 부도 등의 다양한 품종이 있다. 이

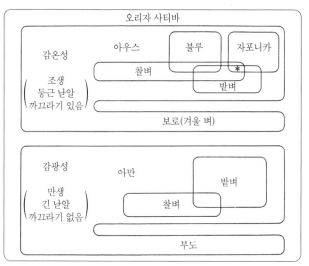

그림 31 재배 벼(오리자 사티바) 품종군의 상호관계. 예컨대 *는 일본 밭벼의 찰벼 품종

런 품종들의 특징이 위의 두 가지 품종 구분과 어떤 관련이 있는지는 그림 31을 참고하기를 바란다.

인도의 벼 농업 전개

인도에서는 사바나 농경문화의 잡곡 중 하나로 벼를 재배하기 시작했다. 하지만 수전 재배라는 특수성 때문에 평야의 수전에서 재배되었다. 밭에 심어 기르는 품종군이 생긴 것은 벼가 동쪽으로 전파해 아삼 이동以東의 산지에 도달한 후였다. 거기서부터 인도의 밭벼가 다수 출현하게 된다.

평야 지대에서의 벼 농업은 후에 소맥 중심의 지중해 농경문화 복합체의 영향으로 크게 발달했다. 오늘날 인도의 벼 농업 체계는 맥류 농경의 기술을 차용해 성립했다. 수전은 우기가 오기 전 마른 밭을 갈아 일으킨 후 파종하는데 이때 소가 끄는 쟁기를 이용하는 것은 본질적으로 맥류 농경과 동일하다. 또 수확한 이삭을 떨어낼 때 이용되는 탈곡장 Threshing Floor(흙을 깔아 평평하게 만든 장소, 소가 그 안을 돌며 이삭을 밟아 탈곡한다)도 맥류 중심의 지중해 농경문화 복합체가 신석기 시대에 완성한 기술을 그대로 도입한 것이다. 맥류 농경에는 낟알의 겉겨를 벗기는 공정이 없는데 인도에서도 그런 과정 없이 겉겨 그대로 저장한다. 땅에 구멍을 파 곡류를 저장하는 방식은 건조한 지중해 연안에서는 합리적일지 모르지만 벼가 재배되는 습지에서는 적절치 않다. 그런데 인도의 오리자, 마드라스, 비하르 주 등 벼 재배 역사가 긴 지역에서 곡류를 겉겨 그대로 땅에 묻어 저장하는 것은 맥류 농경문화 복합체의 영향이라고 볼 수 있다. 다만, 쌀을 정미할 때는 사바나 농경문화의 도구인 절구와 공이를 이용해 매갈이와 정미를 한 번에 해결한다.

오늘날 벼농사의 주류는 모내기법이다. 이른바, 이식 재배가 표준이 된 것이다. 곡류에는 이식 재배 방식이 드문일일지 모르지만 이를 이식 성공률이 높은 수전에서만 이용되는 특수한 방식이라고 생각하는 것은 오해이다. 인도에서 이식 재배가 주로 이용되는 곡류 중 하나로 손가락조가 있다. 손가락조는 밭작물이지만 몬순 우기인 7월경에 옮겨심기 때문에 밭에 이식해도 활착이 잘 된다. 손가락조는 사바나 농경문화의 기본적인 곡류이기 때문에 벼보다 이식재배의 역사가 더 오래되었을 가능성이 있다. 벼는 손가락조의 이식 재배를 모방한 것일지 모른다. 만약 그렇다면 벼의 이식 재배는 인도의 비하르 주에서 시작되었을 것이라추정할 수 있다.

밭벼와 율무

재배 벼는 덥고 습한 지역인 미얀마 일대로 전파되었다. 거기에는 아삼의 산지가 있다. 산 위쪽은 뒤지개로 감자류를 재배하던 근재문화 지대였다. 사람들은 벼라는 새로운 작물을 알게 되자 산비탈에 일군 화전에서 감자류를 재배하던 것과 같은 방식으로 벼의 종자를 점파했다. 당연히 밭

그림 32 아시아, 오세아니아의 근재형, 잡곡형, 밭벼 탁월형 화전 작물의 분포(사사키 고메이 씨의 연구를 참고)

벼 품종이었다. 밭벼는 벼라기보다 조, 기장 등의 잡곡과 거의 동격의 작물이다. 그렇게 그곳에 화전, 뒤지개를 이용한 밭벼(타이완의 고사족은 주로 조 재배)의 점파 재배라는 농경문화 복합체가 성립했다.

지금도 동아시아의 산간 지대에 남아 있는 화전 농업은 의외로 보편적인 현상이다. 이런 화전 농업은 사사키 고메이佐々木高明 씨의 연구 결과에 따르면 그림 32와 같이 크게 세 가지로 구분된다. 예를 들면, 뉴기니 섬의 고지인들과 같이 근재 문화의 감자류 재배가 중심인 근재형 화전 농업이 있다. 한편, 동남아시아에는 인도의 아삼주 이동에서부터 말레이시아, 보르네오 등과 같이 밭벼를 주력으로 재배하는 화전 농업 즉, 밭벼 탁월형 화전이 분포한다. 또 히말라야부터 중국의 남부 산악 지대, 타이완, 일본은 잡곡 재배 중심의 화전 농업 지역이다. 주의해야 할 것은 이런 화전 지역은 대부분 근재 문화의 영향이 미쳤던 지역이다. 근재 농경문화에서 기원한 감자류 중심의 화전 농업이 잡곡이나 밭벼가 들어오면서 바뀐 것으로 이해해야 할 것이다. 이들 지역 중 잡곡형 화전 농업 지역은 다름 아닌 조엽수림문화권에 해당한다. 이 지역에서는 이제 뒤지개 대신 철로 만든 괭이를 사용한다. 그런데 그보다 남쪽에 위치한 밭벼 탁월형 지역에서는 여전히 근재 문화의 뒤지개를 사용한다. 이 지역에서 재배되는 작물의 특징 중 하나는 거의 대부분 밭벼 이외에 율무 재배도 함께 이루어졌다는 것이다. 앞서 율무는 근재 농경문화에서 기원한 훌륭한 식용 곡물이라고 이야기한 바 있다.

율무의 흥미로운 점은 녹말의 찰기성이다. 찰기성 곡물

은 유럽이나 아프리카에는 전혀 알려지지 않았다. 그런데 동남아시아의 산악 지대를 중심으로 한 동아시아에는 찰기성을 지닌 곡물의 품종이 크게 발달했다. 찰벼는 타이 북부의 주요 작물이자 일상식이 되었으며 차조, 찰기장은 중국에서 발달해 대규모로 재배되고 있다. 대맥과 수수류에도 찰기성 품종이 발견되었다. 옥수수의 돌연변이로 나타난 찰옥수수는 세계 각지에서 발견되었지만 품종으로 발달하게 된 것은 중국의 서남부 지역이다. 그런데 소맥, 호밀, 귀리와 같은 맥류는 품종이 매우 많은데도 불구하고 찰기성 품종은 전혀 발견되지 않았다.

벼를 재배하는 화전 농경민들 가운데 초밥을 만들어 먹는 풍습을 가진 민족이 있다는 점도 흥미롭다. 라오스의 산지민이나 보르네오의 화전 민족은 쌀밥과 민물고기를 발효시켜 보존식으로 이용했는데 이것은 일본에서 초밥을 만드는 전통 방식과 동일하다. 중국의 중남부에도 동일한 풍습이 있는 것을 보면 초밥이라는 음식은 산비탈에서 밭벼를 재배하던 화전 농경문화 복합체의 한 요소로서 발생한 것으로 보인다.

산거와 습지림

아시아의 화전 농경민들은 모두 산에서 생활한다. 보르네오의 다약 족의 예를 살펴보자. 그들은 강을 따라 올라가 처음 산비탈이 나타나는 곳에 화전을 일구고 뒤지개를 이용해 밭벼를 심었다. 바닷가와 그들이 사는 산지 사이에 펼쳐진 평야에는 삼림이 그대로 남아 있다. 그들은 평지보다 산비탈에 사는 것을 선호한다. 이는 동아시아 화전 농경문화의 공통적인 특징으로, 평지가 없어서 산에서 화전을 일구는 것이 아니라 평지가 충분해도 산에서 생활하는 이들이 사용한 농법이다. 산으로 도피한 것이 아니라 산도 마다않는 문화를 지닌 산거 민족인 것이다. 보르네오의 경우에는 해발 고도가 그리 높지 않지만 네팔 등에서는 1000~2500미터의 고지대에서 생활하기도 한다.

이런 산거의 화전 농업은 계단식 경작의 영구永久 밭, 영구 수전으로 발전하며 절정을 맞는다. 네팔 히말라야의 중턱, 아삼, 필리핀 등에서는 계단식 수전이 거의 완성 단계에 이르렀다. 하지만 산거의 화전 농업이 완전한 계단식 경작으로 발전해도 농업 생산력의 잉여는 산악 지대 전반에 통일국가를 건설할 만큼 크지 못하고 지역적인 소왕국을 부담하는 정도에 그쳤다. 이 점에 있어 예외로 보이는 네팔의

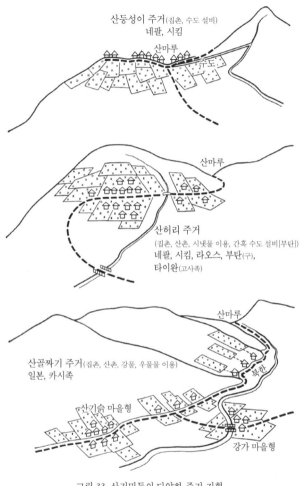

산등성이 주거(집촌, 수도 설비)
네팔, 시킴

산마루

수도

산허리 주거
(집촌, 산촌, 시냇물 이용, 간혹 수도 설비[부탄])
네팔, 시킴, 라오스, 부탄(구),
타이완(고사족)

산마루

산마루

산골짜기 주거(집촌, 산촌, 강물, 우물물 이용)
일본, 카시족

북한

산기슭 마을형

강가 마을형

그림 33 산거민들의 다양한 주거 지형

경우는 역사로 알 수 있듯 카트만두라는 분지의 생산력을 바탕으로 성립된 권력이었다.

한편, 동남아시아에는 평지 수전 농업이라는 또 다른 형태의 벼 농업이 있다. 그 가장 전형적인 예로 타이의 메남 강 하류와 방콕 인근의 수전 지대 그리고 미얀마의 이라와디 강 하류 랑군 부근의 수전 지대가 있다. 두 지대는 몬순 우기가 한창인 8월경이면 늘 물에 잠긴다. 드문드문 보이는 인가와 마을 그리고 기차선로만 물 위로 드러나 있을 뿐 도로는 거의 물에 잠겨 있고 사람들은 배를 타고 오간다. 온통 잿빛의 물로 뒤덮인 일대와 강줄기에서 흘러넘치는 붉은 물만 구별할 수 있다. 평평한 대지는 물, 물, 물뿐이다. 이곳이 쌀의 주산지이다. 이 수전 농경 지대는 매년 이렇게 수개월간 수몰된다.

이런 지역은 수전으로 개간되기까지 어떤 식물이 자라고 있었을까. 지금은 거의 찾아볼 수 없지만 분명 습지림 형태의 삼림이 펼쳐져 있었을 것이다. 수개월이나 물에 잠기면 일반적인 밀림의 나무는 말라 죽는다. 물에 강한 나무 종류만 생육하는 열대림의 일종이다. 이런 습지림의 전형이 오늘날 보르네오와 수마트라 섬 저지대에 대규모로 남아 있다. 현대의 농업기술로도 개척하기 힘든 습지림을 타이와 미얀마에서는 완벽히 개척한 것이다. 동남아시아의 평지 수전 농업은 습지림을 개간할 능력을 갖출 만큼 발전했다. 그리고 이 평지 수전 농업은 고대 국가를 지탱할 정도의 힘을 비축함으로써 캄보디아의 앙코르 와트, 자바 섬의 보로부두르 유적과 같은 거대한 족적을 남길 수 있었다.

동남아시아의 벼 농업은 이렇게 산에서 생활하며 밭벼를 재배하고 화전에서 계단식 수전으로 발전한 한 계통이 근재 농경문화의 토대 위에 성장했으며 다른 한 편에서는 습지림의 개척 능력을 지닌 평지 수전 농업이 전개되며 국가 형성력을 보여준 2단계 발전이 있었다. 다만, 이 2단계 농업 발전이 지역적으로 고르게 나타난 것은 아니다. 그 차이는 대륙 주변부에 있는 섬들의 상호 비교를 통해 파악할 수 있다. 일본, 타이완, 필리핀, 보르네오, 자바, 수마트라, 실론, 마다가스카르 등의 역사의 전개와 현상現狀은 대부분이 산거와 평지형 벼 농업의 상호 관계로 이해할 수 있다. 그 점에 대해 간단히 설명하고자 한다.

일본—잡곡형 산거, 화전 농업이 지금도 드물게 잔존한다. 일본의 고대 문헌에도 산거 농경민의 존재가 분명히 쓰여 있다. 하지만 일본의 고대 국가는 긴키 지방의 평야와 분지에서 발달한 평지 수전 농업의 생산력을 바탕으로 성

림했다. 일본의 열대 습지림에 해당하는 환경인 큰 강 하류의 저지대는 갈대밭葦原(아시하라)이었을 것으로 추정된다. 일본의 옛 이름 '아시하라노 나카쓰쿠니葦原の中つ国'가 산이 아닌 평야의 저습지에 세운 나라를 뜻한다는 것은 동남아시아의 국가 형성력이 평지 수전 농업 단계에서 처음 나타난 것과도 일치한다. 참고로, 중국 양쯔 강 하류의 습지도 과거에는 일본과 같은 갈대밭이었을 것으로 추정된다.

타이완—고사족은 전형적인 산거 민족으로 잡곡을 주력으로 재배한다. 평지는 비교적 근대까지 자연 상태로 남아 있었으나 한족이 이주해 개간했다. 그러나 타이완은 독자적인 한족 사회, 한족 국가가 성립할 시간적 여유가 없이 현대에 이르렀다.

필리핀—산거민들은 산을 개간해 화전을 일구고 계단식 밭, 계단식 수전으로 진보했다. 작물은 밭벼에서 논벼로 발달했다. 필리핀은 민족마다 큰 차이가 있고 다양한 농경 단계의 산거민들이 존재한다. 한편, 평지 농업을 하는 오늘날 필리핀의 주요 민족인 비사야족, 타갈로그족 등은 스페인인이 필리핀에 도래하기 이전에 이미 통일국가를 형성했으나 타 민족을 지배하고 동화시키는 단계에는 이르지 못했다.

보르네오—보르네오 산지에는 전형적인 화전, 밭벼 농경

민인 다약족이 존재하지만 바다와 가까운 평야 지대에는 무성한 삼림과 광대한 습지림이 남아 있다. 당연히 이런 상태에서는 독자적인 국가 형성력은 기대할 수 없다.

자바—자바 산지에서 밭벼를 재배하는 농업은 거의 사라졌다고 하지만 실은 그 정도는 아니다. 예컨대, 밭벼의 재배 면적은 논벼의 약 8%라고 한다. 또 자바에서는 아우스군에 속하는 불루라는 품종군이 중요한 위치를 차지한다. 불루의 분류적 지위에 관해서는 이견도 있지만 대부분 아만보다 아우스군에 가까운 것으로 보는 것이 상식적일 것이다. 이 밖에도 자바에는 인도의 아만과 동일한 품종으로 여겨지는 체레가 있는데 아마도 이 품종은 비교적 최근에 들어왔으리라 생각된다. 자바 섬보다 동쪽에 있는 발리, 롬복 등의 섬들은 과거 벼 농업이 가능한 동쪽 한계지였으며 불루를 주로 재배했다. 인도의 밭벼는 아우스군으로 자바의 불루도 밭벼와 관련지어 생각하면 쉽게 이해할 수 있다.

평지 수전 농업의 정착으로 인구가 크게 늘어난 자바 섬은 네덜란드인이 도래하기 전 지방적 왕국이 성립했지만 통일 국가를 세우지는 못했다. 인도에서 온 항해자들에 의한 급격한 문화 도입의 영향이 컸다. 일본에 전파된 중국 문화가 큰 영향을 미쳤듯 자바에서는 인도가 그 역할을 한 것으로 보인다. 그 결과 자바는 현재 인도네시아의 중심지가 되었다.

수마트라—수마트라 섬 서쪽 해안 부근에는 개척을 기다리는 광대한 습지림이 남아 있다. 다시 말해, 수마트라에서는 평지 수전 농업이 거의 전개되지 않았다. 한편, 산거 농경민들은 대부분 밭벼를 재배하는 화전 농업 단계로 여전히 그 바탕이 된 근재 농경문화의 요소가 많이 남아 있다.

실론—실론은 의외로 오랜 문화를 가진 지역으로 기원전부터 국가와 비슷한 집단이 성립했다. 실론은 민족 구성이 비교적 단순하다. 신할리족은 지금은 상당수 혼혈이 진행되었지만 과거에는 순혈 종족이었을 것이다. 실론은 근접한 인도 반도와 달리 뚜렷한 산거 농경문화를 가지고 있다. 그 중심인 신할리족이 사는 칸디는 해발 약 600미터 고지에 있다. 대륙의 영향으로 평지 농업으로 전환한 이들도 나타났지만 오늘날 실론에서 평지 수전 농업을 하는 것은 비교적 최근에 인도에서 이주한 타밀족이다. 요컨대, 실론은 인도 문명의 자극을 받은 산거 농업이 일찌감치 꽃을 피운 섬이라는 것이다.

마다가스카르—마다가스카르의 말라가시 민족은 인도네시아에서 이주한 민족이 근간이 되어 수전 농업의 단계까지 진보했다. 마다가스카르의 수도 안타나나리보는 해발 1000미터가 넘는 고지대 수전의 일부인 300미터에 이르는 절벽 위에 세워졌다. 중세에 이미 수도 부근에 몇몇 소왕국이 성립했지만 통일 국가로 발전하지는 못했다. 아프리카 본토에서 이주한 반투계의 평지 잡곡 농경민들의 영향을 받았지만 문명도가 낮았기 때문에 국가 형성력에는 거의 영향이 없었다.

쌀과 밀

평지 수전 농업의 형태로 발달한 벼 농업은 마침내 거대한 잉여 생산력을 만들어내고 국가를 지탱할 힘을 비축하기에 이른다. 하지만 이 농업에는 커다란 결점이 있다. 지나치게 벼의 단일 경작에만 집중되었다는 점이다. 동남아시아나 인도의 갠지스 평야와 같이 낮고 평평한 수전 지대에서는 오직 수전 경작만 이루어지고 채소나 두류조차 거의 재배되지 않았다. 벼의 뛰어난 맛과 생산성이 낳은 현상이지만 이런 식의 극단적인 단일 경작은 자연 재해에 취약해 농업 경영을 약체화시킬 뿐 아니라 농민의 식생활에도 불균형을 초래하는 요인이 된다.

쌀이 인간의 입맛에 잘 맞는다는 사실은 소맥 즉, 밀과 비교해 검토해 보아야 할 문제이다. 쌀과 밀을 동시에 주식으로 이용하는 지역은 예컨대 중국은 밀이 주식인 북부와 쌀이 주식인 양쯔 강 연안 그리고 그 사이에 커다란 중간 지대가 있다. 또 인도는 동부가 쌀 지대, 서부는 밀 지대로 예컨대, 뉴델리는 소맥 밭에 둘러싸여 있지만 캘커타 주변은 전부 수전이다. 중간 지대의 농민들은 쌀이든 밀이든 선택해 먹을 수 있다. 그런데 중국이나 인도나 민중들은 늘 쌀을 더 선호하며 쌀이 더 비싼 값에 거래되기 때문에 빈민들은 밀을 이용할 수밖에 없었다. 이런 평가는 중국과 인도의 수십억 명의 사람들이 2천 년에 이르는 세월동안 쌀과 밀을 먹고 비교한 결과일 것이다. 그 과정에서 쌀과 밀 모두 놀랄 만큼 다양한 요리법이 탄생했지만 최종 판결은 쌀이 더 맛있다는 것이었다.

쌀이 밀보다 맛이 좋다는 것은 소맥 농업 지대에도 알려져 있다. 이란이나 이라크와 같은 맥류 문명의 발생지에서도 지금은 관개가 용이한 지역에서는 벼 농업이 활발히 이루어지고 있다. 쌀 가격이 밀의 수배에 이르기 때문에 상류층에서만 쌀을 먹을 수 있다. 이집트, 수단 등에서도 벼농사가 이루어지고 있으며 이탈리아나 스페인처럼 라틴계 민족이 사는 지역에서는 벼 농업이 확고한 지위를 점한다. 전후에는 프랑스에서도 벼농사가 시작되었다. 인간의 역사를 볼 때 주식을 쌀에서 밀로 대체한 민족은 없지만 밀을 먹는 민족들은 점차 쌀을 도입하고 있는 상황이다. 장차 인류의 주식은 밀보다 쌀이 될 가능성이 더 높을 것으로 보인다.

이집트 국왕의 수로 건설과 기공식 그림(Singer, et al., 1956)

제6장 지중해 농경문화

지중해성 일년생 식물 기후

곡류는 모두 일년생 식물이다. 잡곡도 재배화된 것은 예외 없이 일년생의 성질을 가지고 있다. 벼, 조, 기장, 소르검 등은 야생 근연종 중 이삭을 식용으로 채집하는 다년생 식물이 있었지만 일년생만 재배 식물이 되었다. 그렇다고 아프리카나 인도의 사바나 지대에 일년생 볏과 식물이 많은가 하면 실은 대부분 다년생 식물이며 일년생 볏과 식물은 드물다. 사바나 농경문화 초기에는 야생종의 이삭을 채집해 이용하다 일년생 야생 볏과를 선별해 기르기 시작하면서 최초의 농업이 시작된 것이다.

그런데 야생 볏과의 대부분이 일년생 식물인 곳이 있다. 바로 지중해 주변의 지중해성 기후 지대이다. 지중해성 기후란 겨울에는 비가 많이 와 춥지 않고 여름에는 덥고 건조한 기후이다. 맥류는 모두 이런 기후에 가장 적합한 성질을 지녔다. 맥류는 가을에 발아해 습도가 충분한 겨울에 뿌리를 내리고 봄이 되어 기온이 올라갈수록 빠르게 생장해 출수한다. 이삭이 성숙할 무렵이면 덥고 건조한 보릿가을이 든다. 성숙한 보리 이삭의 황금물결은 일본의 보리와는 비교도 되지 않을 만큼 장관을 이룬다.

지중해성 기후 지대에 일년생 식물이 많다는 사실을 발

표 9 식물 생활형 스펙트럼

	S	E	MM	M	N	Ch	H	G	HH	Th
표준 스펙트럼(전 세계 평균)	1	3	6	17	20	9	27	3	1	13
덴마크	0	0	1	3	3	3	**50**	11	11	18
그리스	0	0	1	4	4	13	32	11	2	**33**

S 다육식물, E 착생식물, MM 대형 지상식물, M 소형 지상식물, N 왜형 지상식물,
Ch 지표식물, H 반지중 식물, G 지중식물, HH 수생식물, Th 일년생 식물
덴마크에는 반지중식물, 그리스에는 일년생 식물이 가장 많다는 것을 알 수 있다

견한 것은 덴마크의 식물생태학자 크리스텐 라운키에르 Christen Raunkiaer이다. 그는 식물의 생활형을 구분한 학자로 일본의 고등학교 생물 교과서에도 종종 소개된다. 한 지방에 존재하는 식물의 종류를 '식물군flora'이라고 하는데 라운키에르는 이런 식물군을 생활형으로 구분하고 그 비율을 조사해 생활형 스펙트럼이라는 것을 만들었다. 전 세계 식물군의 평균적 스펙트럼을 표준 스펙트럼이라 하고, 그것을 각지의 스펙트럼과 비교하면 기후와 생활형과의 관계를 알 수 있는 것이다. 덴마크와 같이 추운 지방에는 겨울이면 절반은 땅속에서 겨울을 나는 반지중半地中 식물이 50%나 된다. 한편, 지중해성 기후에서는 일년생 식물이 33%로 가장 많고 리비아의 키레나이카 지방은 그 비율이 50%에 이른다. 그런 이유로 라운키에르는 자신의 생활형 연구에서 지중해성 기후에 대해 지중해성 일년생 식물 기후Mediterranean Therophyte Climate라는 이름을 붙였다. 사실 지중해성 기후야말로 일년생 식물의 고향이라고 할 수 있다. 예컨대, 덴마크의 일년생 식물은 대부분 맥류 농업의 전파와 함께 지중해 지방에서 도래한 것으로 알려졌다. 즉, 이 표의 숫자로 알 수 있는 것 이상으로 지중해 지방에는 일년생 식물이 많다는 것이다.

재배되는 모든 곡류와 두류의 대부분 그리고 근채류의 절반 이상이 일년생 식물인 것을 볼 때 지중해성 기후 지역은 농업을 시작하기에 적합한 식물이 가득한 장소였다는 것을 알 수 있다. 이곳에서 맥류를 중심으로 한 농업이 탄생한 것은 자연 조건상 지극히 당연한 일이다. 맥류나 그 근연 식물 등은 그곳에서 너무나 흔한 식물이었기 때문이다. 그리고 그곳에서 발전한 농경문화를 우리는 지중해 농경문화라고 부르기로 하자.

지중해 농경문화를 탄생시킨 작물의 특징으로는 일년생 식물이라는 것 외에도 온대 지역의 겨울 작물로 정착했다는 점이 있다. 소맥, 대맥, 호밀, 귀리 등은 일본과 같은 온대 지방에서는 겨울 작물이다. 사바나 농경문화의 잡곡, 벼 등이 전부 여름 작물이라는 것과 크게 다른 점이다. 맥류와 함께 농경문화의 한 축을 담당한 두류 중 완두콩과 잠두콩도 겨울 작물이다. 사바나 농경문화의 두류 예컨대 강낭콩이나 광저기 등이 여름 작물이라는 것과도 대조적이다. 채소류도 마찬가지인데 일본에서 겨울에 재배되는 종류 예컨대 무, 배추, 시금치 등은 모두 지중해 농경문화의 계보에 속하는 작물이다. 겨울 작물이라는 것은 겨울의 낮은 온도와 봄의 긴 일조 시간이 개화에 유리하게 작용하는 성질을 지녔다는 것을 말해준다. 고온과 짧은 일조 시간이 개화에 유리하게 작용하는 사바나 농경문화의 작물과는 정반대이다.

야생초, 잡초, 작물의 차이

지중해성 일년생 식물 기후는 지금도 야생 맥류가 발견되는 지역이다. 소맥류 중에는 일립계의 야생종인 트리티컴 에이질로포이데스T. aegilopoides가 터키에서 주로 생육한다. 이립계 소맥의 야생종인 트리티컴 디코코이데스T. dicoccoides는 팔레스타인 근방과 코카서스에서 발견된다. 호르뎀 스폰타늄Hordeum spontaneum으로 불리는 야생 이조二條 대맥은 이집트부터 아프가니스탄에 걸친 지역에서 발견된다. 또 보통밀의 조상 중 하나인 야생 염소풀Aegilops tauschii은 지중해 동쪽 연안부터 파키스탄 서부에 걸친 지역에서 발견된다. 이렇게 맥류의 조상인 야생종 대부분이 지중해성 기후 지대에 속하는 지중해 동쪽 연안부터 파키스탄 사이에서 발견된다. 그 안에 티그리스·유프라테스 강 유역의 고대 문명 발생지가 포함된다. 맥류 농업은 지중해 동쪽 연안에서 시작되었다고 보아도 무방할 것이다.

과연 이런 야생 맥류는 어떤 모습으로 생육했을까. 이것은 식물생태학에 관련한 문제이다. 여기서는 다양한 관찰과 논의를 생략하고 내가 내린 결론부터 말하자면 '인류가 지중해 동쪽 연안의 야생 맥류로 이루어진 테로파이트 디스클리맥스Therophyte disclimax의 초원에서 야생 맥류를 채집하기 시작한 것이 지중해 농경문화의 기원'이라는 것이다. 이 어려운 이름의 초원은 일년생 볏과 식물인 야생 맥류가 주력이지만 그 밖에도 많은 일년생 식물류가 뒤섞여 자란다. 또한 야생 소, 양(초원성 야생 양) 등의 초식 동물이 서식하며 야생 식물의 생장력과 초식 동물이 먹는 풀의 양이 자연적인 균형을 이루던 초원이다. 만약 어느 한 부분에서 초식 동물이 먹는 양이 늘어나면 거기에는 볏과 식물 이외의 다른 풀의 비율이 늘어나는 것이다.

이 초원은 아프리카의 사바나 지대 이상으로 식량이 풍부한 지역이기도 하다. 초원의 주력인 야생 맥류는 아프리

카의 야생 잡곡류보다 낟알이 큰 이삭을 맺는 데다 전부 일
년생이기 때문에 채집에서 경작으로 이어지는 농업화 과정
이 훨씬 수월하게 이루어질 수 있었다. 지금부터 그 과정에
대해 살펴보기로 하자.

　원시의 수렵·채집 사회에서 사람들은 이 풍요로운 대초
원에서 야영을 하며 야생 이삭을 모으고 사냥을 하며 생활
했다. 야영지에서는 불을 피우고 생리 현상을 해결하기 위
해 매일같이 질소가 농축된 배설물을 내보냈다. 야영지 주
변에는 이전과 다른 토양 조건이 만들어진다. 그리고 이듬
해 그 자리에는 주변과 다른 식물이 자란다. 이런 현상은
지금도 유목민들의 생활을 통해 확인할 수 있다. 나는 5년
넘게 몽골의 초원에서 식물의 상태를 통해 고대 몽골인의
텐트 흔적을 확인하는 연구를 진행했다. 인간이 새롭게 만
든 환경에서 자라는 식물은 보통 야생 식물과는 다르다. 우
연히 그런 환경에 적응한 식물인 경우도 있지만 지중해 동
쪽 연안에서는 결과적으로 인간이 새롭게 만든 환경에 돌
연변이로서 적응한 식물군이 탄생했다. 간단히 말해, 야생
초에서 잡초로 진화한 것이다. 야생초와 잡초가 같은 것이
라고 생각하는 사람이 많겠지만, 그렇지 않다. 잡초는 인간
이 만든 환경에서 생육하는 식물로 인간 문화의 전파와 함

께 퍼져나갔다. 잡초는 늘 야생초보다 지리적으로 넓게 분포한다. 지중해 동쪽 연안에서 탄생한 이 잡초군은 맥류와 함께 전 세계로 전파되어 유럽은 물론 북미, 남미, 오스트레일리아까지 퍼졌다. 다만 일본, 중국, 인도는 이 잡초군의 극히 일부만 들어온 특수한 지역이 되었다. 이 문제는 나중에 따로 설명하기로 하자.

이 잡초군에 맥류의 야생종이 섞이면 농업화에 더 가까운 식물이 된다. 예컨대, 팔레스타인 근방에서 발견되는 야생형 이립계 소맥인 트리티컴 디코코이데스는 코카서스에서는 야생형과 잡초형 생태가 모두 보고되어 있다. 터키에서 발견되는 일립계 소맥의 야생종은 밀밭에서 잡초로 자라거나 길가에서 많이 자라기 때문에 잡초형이 남아 있는 것으로 추정된다. 귀리의 경우, 야생형과 잡초형 그리고 재배종이 모두 섞여 있기 때문에 진화 과정을 더 확실히 볼 수 있다. 즉, 맥류는 이렇게 야생초에서 잡초로 그리고 재배식물로 바뀐 것이다. 야생초에서 잡초로 바뀐 것은 농업이 시작되기 이전의 일이다. 식물의 품종 개량이라고 할 만한 유전적 변화가 농업이 시작되기 전에 일어난 것이다. 식물이 먼저 인간이 땅을 일구기를 준비하고 기다렸던 셈이다.

이런 야생 식물의 변화는 일군의 일년생 식물에서 나타

나며 맥류에서만 일어난 변화는 아니었다. 이 일군의 품종들은 생태적으로 강하게 결합해 밭에 정착했다. 인류는 맥류뿐 아니라 이런 일군의 식물들을 재배했다. 그리고 문명이 발달하면서 이런 식물들 가운데 유용한 것과 무용한 것을 철저히 가려냈다. 맥류 농경의 기원을 돌아볼 때 반드시 유념해야 할 점이다.

소맥의 기원

일본은 소맥류의 기원 연구에 있어 역사적으로나 지리적으로 불리한 환경에도 불구하고 세계 학계를 이끌어왔다. 기하라 히토시木原均 박사를 중심으로 한 뛰어난 연구 그룹의 활동 덕분이었다. 그 결과, 소맥과 그 근연 식물 간의 유전학적 관계를 밝혀낼 수 있었다. 유전체라는 유전자가 배열된 염색체의 일군(여기서는 일곱 개의 염색체)을 단위로 정리해 보면 소맥과 그 근연 식물은 그림 34와 같은 관계라는 것이 밝혀졌다. 여기서 A—D, G는 저마다 내용이 다른 일곱 개의 염색체로 이루어진 유전체를 가리킨다.

이 그림으로 알 수 있듯 보통밀은 이립계 소맥과 염소풀의 잡종이 교잡해 염색체 수가 배가되었을 때 탄생한다. 교

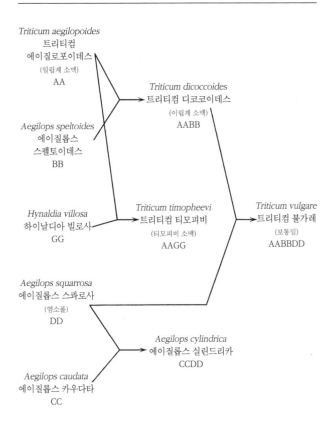

그림 34 소맥의 근연종 간의 유전체 관계. BB, GG로 표시된 식물에 대해서는 아직
최종적인 결론이 나오지 않았다

토 대학의 탐험대가 아프가니스탄, 이란 등의 밀밭에서 잡초로 뒤섞여 자라는 염소풀을 확인했다. 다양한 연구 결과, 이립계 소맥을 재배하는 밭에 섞여 있는 염소풀의 화분이 이립계 소맥을 수정시키면 그 자손 중에서 보통밀이 나타나는 것으로 밝혀졌다. 이런 진화는 인간이 소맥을 재배하는 동안 일어났으리라 추정한다. 잡초가 전혀 없는 밭에서는 보통밀이 나타나지 않았을 것이다. 오늘날 우리가 부드러운 빵을 먹을 수 있게 된 것은 밀밭에 뒤섞여 자라던 잡초 덕분이었다는 것을 잊지 말아야 한다. 이처럼 맥류와 잡초는 긴밀한 관계를 맺고 있다.

그림 34에 소개된 소맥의 근연 식물은 모두 일년생으로 지중해성 일년생 식물 기후에 적합한 식물들이다. 보통밀 이외에도 4배체에 다양한 유전체가 결합된 식물을 볼 수 있는데 모두 잡종에서 기원한 종류이다. 이런 잡종들이 탄생했다는 것은 부모가 가까이 있거나 뒤섞여 생육했기 때문이다. 그림 34에서 각각의 종을 연결한 직선의 화살표는 잡종이 되는 방향을 나타내는데 한편으로는 부모가 함께 생육했다고 하는 생태적 일치성을 나타내는 선으로도 볼 수 있다. 그런 관점에서 보면 이들 일년생 식물이 얼마나 생태적인 일치성을 공유하는지 알 수 있다. 이런 식물들이 무성

하게 자라고 주변에서는 야생 소나 양 같은 초식 동물이 풀을 뜯는 장소가 바로 앞에서 이야기한 테로파이트 디스클리맥스의 초원이다.

대맥류의 낙제생

대맥류 중 이조 대맥은 지금도 야생종이 많기 때문에 기원에 관한 큰 논쟁은 없지만 오늘날 주로 재배되는 육조 대맥의 기원에 관해서는 의문이 많다. 육조 대맥 중 낟알이 탈락하는 즉, 야생형 육조 대맥은 티베트의 육조성 쌀보리 밭에 섞여 자라는 것으로 알려졌다. 호르데움 아그리오크리톤Hordeum agriocrithon으로 불리는 이 야생 대맥을 육조 대맥의 선조라고 생각하는 학자도 많다. 하지만 이 야생 대맥은 티베트의 보리밭 이외의 장소에서 발견된 일이 없고 티베트 기후에서의 식물 생활형 스펙트럼으로 볼 때도 야생종이 있을 가능성은 매우 낮다. 즉, 재배종 육조 대맥의 기원은 다시 한 번 검토해볼 필요가 있다.

내 생각에 대맥은 서부 투르키스탄부터 우크라이나에 걸친 지대에서 이조성 야생종의 돌연변이로 발견된 육조 대맥이 재배화된 것이라고 본다. 지중해성 기후 지대에 속하는 이 지역에서 기원한 대맥은 인도, 중국 그리고 서방에서 기원한 소맥보다 이른 시기에 전파되었을 것이다. 또 동방으로 전파된 대맥은 유전학적으로 동양군, 서방으로 전파된 대맥은 서양군으로 크게 나눌 수 있다. 말하자면 티베트, 중국, 일본과 같은 남반부의 대맥은 동양군, 인도 및 유럽으로 전파된 대맥은 서양군이 된다.

대맥에는 소맥과 같은 근연 식물이 없을까. 보리 속에는 많은 종류가 있지만 대부분 재배종과의 교배가 쉽지 않다. 지극히 야생적인 종류가 많고 강알칼리성 토양에 생육하는 종까지 있어 사료 작물 정도로만 이용된다. 그런데 딱 한 가지 흥미로운 종류가 있다. 터키 등에서 많이 볼 수 있는 호르데움 불보숨Hordeum bulbosum이라는 종이다. 이 종류를 일본에서 재배하면 사람 키보다 크게 자라며 언뜻 보면 호밀과 비슷한 이삭을 패고 낟알도 실하다. 가을에 파종하면 다른 맥류와 같이 이듬해에는 알알이 이삭을 패지만 사실 이 종류는 다년생이다.

만약 지금까지 재배하던 맥류를 더 이상 재배하지 못하고 대신 야생 식물을 재배해야 하는 상황이 온다면 제일 먼저 이 다년생 식물을 눈여겨보아야 할 것이다. 가장 유망한 식물이기 때문이다. 하지만 아직까지 재배된 흔적이 없다.

소맥, 대맥, 호밀, 귀리 외에 이렇게 훌륭한 식물이 어째서 재배 식물이 되지 못한 것일까. 원인은 단 하나, 다년생 식물이었기 때문이다. 고대인들이 곡물을 재배할 때 다년생을 피해 일년생 식물만 선별해 재배화한 또 하나의 사례라고 볼 수 있다.

이차 작물의 출현

신석기 시대 지중해 농경문화 지대에 어떤 잡초가 뒤섞여 자라고 있었는지 확인하는 것은 어려운 일이다. 하지만 고고학 발굴 조사로 출토된 맥류와 섞여 있던 잡초 종자를 조사하면 꽤 정확한 추정이 가능하다. 예컨대, 스위스의 호상湖上 생활인 유적에서는 오늘날 보편적으로 존재하는 맥류 농업의 잡초 종자가 다수 발견되었다. 또 기원전 이후 스웨덴이 철기 시대에 들어선 무렵의 식량에 관해 알게 된 사례가 있다. 이회泥灰(장사 지낼 때 광중을 메우는 데 쓰이는 물에 이긴 석회)에서 발굴된 인체에서 당시 먹었던 음식을 추정할 수 있었다. 제물로 바쳐진 것으로 보이는 그가 마지막으로 먹은 음식이 2천 년 후의 학문에 공헌하게 된 것이다. 거기에는 대맥, 귀리는 물론 조 속의 잡초, 모밀덩굴, 명아주, 들깨

미자리, 냉이, 쑥부지깽이, 창질경이, 잡초성의 유채, 아마 등의 종자가 있었다. 흡사 오늘날 스웨덴 보리밭의 잡초 목록을 보는 듯하다. 그 정도가 너무 심하다보니 휴한기에 수확한 것이 아닐까 하는 추정도 되지만 어쨌든 이것이 제물로 바쳐진 사람의 마지막 음식이었던 것이다. 이런 일군의 종자들이 식용으로 이용되었다.

보리밭이라 부르고 싶지만, 실은 잡초 집단이나 다를 바 없는 작물 중에서도 유용한 식물로 인정받아 새롭게 재배 식물로 승격한 종류가 있다. 이차 작물이라고 불리는 식물이다.

대표적인 이차 작물로 귀리류와 호밀이 있다. 귀리의 재배종은 종류가 매우 다양한데 모두 대맥 혹은 소맥의 잡초에서 작물로 승격한 이차 작물이다. 맥류 농업과도 관련이 깊은 잡초성 귀리는 소맥이나 대맥의 전파를 연구할 때 이용되기도 한다. 대부분의 재배종이 유럽에서 작물화되었지만 동아시아에서 작물화된 귀리도 있다. 유마이라고 불리는 쌀귀리로 중국 북서부에서 대규모로 재배되었다. 티베트에서 맥류 농경과 함께 전파된 잡초로서 중국 서남부의 로로 기원지에서 작물로 승격해 북쪽으로 전파되어 지금의 유마이로 정착했다.

호밀 역시 전형적인 이차 작물이다. 순수한 야생 호밀은 터키에서 코카서스에 이르는 산악 지대에 야생하는 다년생 식물로 세칼레 몬타늄Secale montanum이라고 불린다. 이삭은 야생형 즉, 탈락성이다. 호밀은 보리밭에서 잡초로 생육하면서 반탈락성의 일년생 식물로 바뀐다. 이 반탈락성 잡초 호밀은 다양한 변화를 거친 여러 종류가 존재한다. 아프가니스탄의 파미르 부근에는 이 잡초성 호밀이 보리밭에 뒤섞여 자라는 경우가 특히 많았으며 그중에는 비탈락성 즉, 재배형 호밀도 섞여 있어 작물과의 경계가 불분명해졌다. 호밀은 본래 추운 산악성 기후에 적합하기 때문에 산악 지대에서는 높은 곳일수록 보리밭의 호밀 혼입률이 높아진다. 그러자 사람들은 소맥과 호밀을 함께 수확해 그대로 제분해 식용했다. 파미르와 투르키스탄에서는 호밀이 잡초에서 작물로 바뀌는 과정이 뚜렷이 관찰된다. 그리고 이 산악 지대에서 재배 식물로 승격한 호밀은 북유럽으로 퍼져 본래의 가치를 발휘하게 된다.

스웨덴의 철기 시대 농작물에 관한 자세한 조사 덕분에 잡초에서 이차 작물로 재배되었다가 또 다시 잡초로 돌아간 식물에 대해서도 알게 되었다. 명아주류Chenopodium album와 여뀌류Polygonum lapathifolium이다. 당시에는 이 식물의 종자를 대량으로 식용했다.

보리밭의 잡초에서 승격한 또 다른 대표적인 식물이 유채류이다. 중국에서 발달한 배추, 청경채, 경수채 등의 채소의 원종은 잡초성 유채Brassica campestris이다. 스웨덴의 철기 시대에도 이용되었던 이 식물은 지금도 서남아시아의 보리밭에 가득하다. 아프가니스탄에서는 보리밭의 제초를 잘 하지 못하면 금세 노란 유채꽃 밭으로 변할 정도이다. 이 잡초성 유채는 티베트 대맥 농업이 중국에 전파될 때 함께 들어와 채소로까지 승격했다. 티베트에서는 지금도 봄보리 밭의 잡초로 섞여 자라는 것을 볼 수 있다.

이처럼 맥류에 섞여 자라던 일군의 잡초들이 속속 이차 작물로 승격한 것은 지중해 농경문화의 특징 중 하나이다. 이런 현상은 사바나 농경문화에서는 거의 일어나지 않았다. 오히려 사바나 농경문화의 수많은 잡곡과 두류 중 이차 작물로 발전한 종류가 거의 없다는 것이 이상할 정도이다. 벼 밭의 잡초인 피도 이차 작물로 재배했을 법한데 피의 계통적 연구 결과는 부정적이다. 하물며 근재 농경문화에도 이차 작물로 보이는 식물은 없다. 신대륙에서 발생한 농경문화도 마찬가지이다. 이차 작물의 발생은 지중해 농경문화의 특색을 유감없이 보여주는 사례이다.

농목 겸업의 성립

근재 농경문화는 돼지와 닭을 가축화했다. 반면에 사바나 농경문화에서는 동물의 가축화가 이루어지지 않았다. 그런데 지중해 농경문화에서는 동물의 가축화가 크게 발달했다. 소, 양, 염소, 말, 당나귀의 존재 없이는 지중해 농경문화를 이야기할 수 없다. 여기서는 이런 가축의 기원에 관한 문제는 제쳐놓고 이들 가축류와 경작 농업의 관계에 대해 살펴보기로 하자.

사바나 농경문화는 지중해 농경문화와 접촉하면서 가축을 받아들였는데 특히, 쟁기가 도입되면서부터는 소를 길러 축력을 이용하는 것이 보편화되었다. 하지만 사바나 농경문화에서는 축력을 철저히 활용하지 못했으며 피, 고기, 젖, 가죽과 같은 가축 생산물도 충분히 이용하지 못했다. 농가에서 기르는 가축 수도 10여 마리를 넘지 않는 수준이었다. 사바나 농경문화의 가축 이용은 정체라는 한마디로 설명할 수 있을 듯하다.

하지만 지중해 농경문화에서는 가축을 적극적으로 이용했다. 맥류 재배 농가는 사바나 농경문화와 같이 소수의 가축을 쉽게 도입할 수 있었다. 하지만 100마리 이상 혹은 수천 마리의 가축을 기른다면 더는 경작 농업의 수반물로서

가 아닌 새로운 방법을 강구할 필요가 생긴다. 대량의 가축을 키우는 방법으로 널리 알려진 것은 유목이다. 예를 들어, 몽골의 초원에서는 한 가족이 소 30마리, 말 10마리, 양과 염소 200마리 내외를 소유하면 안정적으로 생활할 수 있다. 하지만 농사를 짓지 않고 전적으로 유목에만 의지하기 때문에 안정된 생활이라고는 해도 대단한 수준은 아니다.

근대 농업에서는 목초를 대규모로 재배하고 기계를 이용해 건초를 만드는 방법이 개발되어 경작과 가축의 대량 사육이 가능해졌지만 다른 방법도 있다. 유목과 경작이 유기적으로 결합하는 방식은 아니지만 한 가족이 두 가지를 모두 하는 방법이다. 기원전 1600년경, 이란 고원에서 서북 인도의 열대 지역을 침략한 아리안 족(인도·게르만계)은 세계 최고最古의 문학으로 알려진 베다 등의 고전을 남겼다. 그런 고전에 쓰인 아리안 족의 생활상이 바로 위와 같은 형태였던 듯하다. 아리안 족은 촌락을 이루어 생활하며(도시가 아니다) 집 근처의 땅을 경작해 곡류를 재배했다. 그 곡류는 대부분 '야바yáva'라고 불리는 대맥이었을 것으로 추정된다. 그 밖에도 소, 양, 말을 대량으로 사육했다. 가축은 마을 주변의 경작지 바깥에서 방목하며 목동은 밤에도 집에 돌아가지 않고 야영을 했다는 기록이 있다. 다시 말해, 경작 농업과 방목을 겸업했던 것이다.

지금도 티베트에서는 이렇게 경작과 방목을 겸업하는 이들이 남아 있다. 히말라야 산지에 사는 티베트인들은 집을 두세 채 가지고 있으며 고도가 각기 다른 장소에서 봄보리 밭을 일군다. 봄이 되면 온가족이 고지대에 있는 집으로 이동한다. 또 야크를 기르는데 겨울이면 숲에 방목하고 여름이면 히말라야 빙하가 있는 고산 식물대로 올라가 방목한다. 그런 지대에서는 돌로 지은 임시 가옥 혹은 여름에는 텐트를 치고 머물며 야크 무리를 방목한다. 카르카kharka(티베트어가 아닌 구룽어)라고 불리는 이 임시 가옥은 히말라야 등산객들의 베이스캠프로도 이용된다(예컨대, 마나슬루의 야크 카르카). 여름에는 카르카에 머물며 야크의 젖을 짜서 버터와 치즈를 만들었다. 가을이 되면 야크 무리를 데리고 내려오는데 그중 몇 마리를 도살해 건조육으로 만들고 겨울 식량으로 삼았다. 한 가족이 여러 채의 집을 소유하고 철마다 이동하며 생활하는 식이다. 가족 중 일부는 고산 지대에 가서 야크를 지키며 머물렀다. 야크는 주로 방목하며 농후 사료를 먹지 않는다. 배설물을 모아 거름으로 이용하는 것도 소량에 불과했다. 즉, 티베트인들의 경작과 목축은 유기적으로는 전혀 관계가 없었던 것이다. 티베트인들은 경작이든 목축이든 어떤 방식으로든 생활을 꾸릴 수 있다.

이렇게 서로 관계없는 두 가지 생업을 가진 농목 겸업 경제의 특징은 티베트인들의 경우에서도 보았듯이 이동력이 뛰어나다는 것이다. 그들의 경제를 농업의 관점에서 보면 이동식 농업이라고 할 수 있으며 게르만 족의 옛 풍속이 여기에 해당한다. 이런 농목 겸업은 기원전 2천 년 이전 투르키스탄 서부에서 우크라이나에 걸친 지역에서 성립했으며 인도·게르만 족의 기본적인 경제 형태였을 것이다. 그리고 그들이 재배한 작물은 주로 대맥이었을 것이다. 그 일부가 인도로 이동해 아리안 족으로서 인도 문화를 만들어 내고 서방으로 향한 게르만 족은 소맥에만 의지하던 북유럽 농업에 대맥을 전파했다. 그 자손들은 농목 겸업을 유기적으로 결합한 농법을 개발해 문명을 발전시켰다.

서아시아의 농업 혁명

지중해성 기후 지대의 맥류 농업의 특색 중 하나로 밭관개 농법이 있다. 이것은 벼의 수전 재배와 달리 지중해 주변 건조 지대에서 발달한 특유의 농법이다. 과연 맥류 농경의 밭관개는 언제 시작되었을까. 그런데 이런 의문에 대한 뜻밖의 사실이 고고학 자료가 아닌 민족학 자료에서 발견되었다. 북미의 파이우트 족은 대륙성 기후의 반사막 지대에 살며 동영지冬營地에 임시 가옥을 짓고 그곳을 중심으로 수백 마일에 걸친 지대를 오가며 식물성 식량을 채집했다. 가을이 되면 하곡河谷 평야에서 자라는 야생 볏과 식물의 낟알을 채집했다. 때로는 그렇게 채집하던 야생 볏과 식물의 군락에 인공적으로 물을 대기도 했다. 봄이면 강가의 돌이나 나뭇가지를 모아 간이 댐을 만들고 물길을 내 초원에 관개했다. 말하자면, 채집 경제의 단계에서 이미 인공 관개가 시작되었다는 것이다. 이런 사례를 통해서도 알 수 있듯 지중해 농경문화의 인공 관개가 후기에 발달했다는 것은 오해일지도 모른다. 어쩌면 테로파이트 디스클리맥스의 초원에서 야생 보리를 채집하던 무렵 최초의 관개가 이루어졌는지도 모른다. 만약 파이우트 족의 방식처럼 관개가 이루어졌다면 대평원보다는 산비탈에 있는 땅이어야 한다.

지중해성 기후에서 맥류에 관개를 하고 재배하면 손쉽게 풍작을 거둘 수 있다. 내가 보았던 파키스탄 북부의 소맥 관개 농업은 모든 것이 굉장히 원시적인 농법이었음에도 놀라울 정도의 풍작을 거두었다. 단당 수확량이 일본 소맥 밭의 2배는 족히 될 법한 농작물을 보고 무척 놀랐던 경험이 있다. 일본 소맥의 단당 수확량은 네덜란드의 절반가량으로 국제적으로 낮은 수준이기 때문에 놀란 내가 어리석었는지도 모른다.

파키스탄인들이 세계 최고의 소맥 수확량을 실현할 수 있었던 것은 관개라는 비결이 있었기 때문이다. 건조지 맥류 농업의 특징이다. 그런데 이런 관개 농업에도 한 가지 중대한 결점이 있다. 밭에 물을 대고 마르는 일이 반복되다 보면 점점 밭에 염분이 쌓이면서 식물을 기르기 힘들어진다. 오늘날 서아시아 전반에서 곤란을 겪고 있는 문제이다.

그런데 지중해 주변 곳곳에는 조건이 매우 좋은 땅이 있다. 큰 하천의 하류에 위치하며 매년 정기적으로 침수되는 평야이다. 홍수가 많은 해에는 밭의 염분이 씻겨나가고 홍수가 적을 때에도 풍부한 관개수가 가까이 있다. 낮은 지대에 펼쳐진 드넓은 평야에서 풍부한 수확과 잉여 생산물을 얻을 수 있다. 벼의 경우 평지 수전 농업으로 국가가 성립할 수 있었던 것 이상으로 맥류의 평지 관개 농업은 문명 발달의 바탕이 되었다. 마침내 우리는 고대 오리엔트 문명이 성립한 기반에까지 도달한 것이다. 고대 문명을 꽃피울 만큼 풍부한 농업 생산을 실현한 변혁을 농업 혁명이라고 부르기로 하자. 농업 혁명은 고대 문명의 전제 조건이 되었다. 그 후 역사 시대로 들어간다.

이집트 왕조 시대의 농업

고대 오리엔트의 농업 혁명을 거쳐 인류 최초의 문명을 탄생시킨 농업의 실태에 대해서는 다양한 연구가 이루어졌다. 여기서는 나일 강 유역에서 꽃핀 이집트 문명을 떠받친 농업을 그림을 통해 살펴보자. 이집트는 고대에 완성된 지중해 농경문화의 한 전형으로 보아도 무방하다.

이번 6장의 첫 페이지에 실린 그림은 이집트 국왕이 건설한 관개 수로의 기공식 장면이라고 설명했다. 수로 건설이 얼마나 중대한 사업이며 농업 생산의 기초였는지 잘 알 수 있다. 그림 35는 소 두 마리가 쟁기를 이용해 땅을 일구는 모습이다. 앞쪽에서 팽이질하는 모습도 볼 수 있다. 오늘날과 비교하면 팽이는 상당히 진보했지만 쟁기는 본질적으로 거의 동일하다고 할 수 있다. 그림 36은 경작한 땅에 씨를 뿌린 후 양떼를 이용해 흙을 덮는 그림이다. 땅을 일구고 파종하기까지 땅을 고르는 작업이 없기 때문에 이집트에는 써레가 존재하지 않는다. 동물의 발굽을 이용해 흙을 덮고 땅을 고르는 작업을 하기 때문에 많은 가축이 필요하다. 그

그림 35 고대 이집트의 농경. 괭이와 소가 끄는 쟁기를 이용했다(Singer, et al., 1956)

그림 36 고대 이집트의 농경. 파종을 마친 후 양떼를 이용해 흙을 덮었다 (Singer, et al., 1956)

그림 37 고대 이집트의 농경. 이삭 따기 방식으로 보리를 수확하고 있다. 보리가 사람 키보다 큰 점에 유의(Singer, et al., 1956)

그림 38 고대 이집트의 농경. 당나귀 무리가 이삭을 발로 밟아 탈곡한다. 지금도 서아시아, 인도 등지에서 이용되고 있는 방식이다(Singer, et al., 1956)

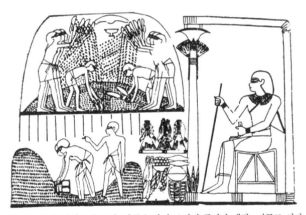

그림 39 고대 이집트의 농경. 탈곡을 마친 보리의 풍선과 계량. 지금도 서아시아, 인도 등지에서 이용되고 있는 방식이다(Singer, et al., 1956)

그림 40 고대 이집트의 농경. 새들 퀸을 이용해 제분한다. 아프리카의 사바나 농경문화 지대에서는 지금도 새들 퀸을 이용해 제분한다(Singer, et al., 1956)

림 37은 낫으로 풀을 베는 모습으로 고예高刈(곡식이나 풀을 높은 부위에서 베는 것-역주) 혹은 이삭 따기라고 불리는 방식이다. 그림 속 보리가 사람의 키보다 크다. 보리가 이렇게 높게 자란다는 품종의 문제도 있지만 뛰어난 토양 및 관개 조건이 있었다는 것을 나타낸다.

그림 38은 탈곡하는 모습이다. 당나귀 무리가 이삭을 발로 밟아 탈곡한다. 신석기 시대에 완성된 이 기술은 지금도 일부 지역에서 소를 이용해 행해지고 있다. 그림 39는 풍선風選(바람에 날려 무거운 종자만 골라내는 선별법-역주)과 계량 광경이다. 키로 낟알을 까불러 쭉정이 따위를 골라내는 방식은 지금도 이용되고 있다. 그림 40은 새들 퀸으로 제분하는 장면

이다. 이집트에 손절구가 없었던 것이 이상할 정도이다. 로마 군 병사들은 모두 손절구를 가지고 진군하며 낟알을 배급 받으면 각자 절구에 찧어 먹었다고 한다.

이상으로 이집트의 농경 방식을 통해 지중해 농경문화의 맥류 농업에 대해 살펴보았다. 쟁기로 땅을 일구고 파종한다. 탈곡은 물론 다양한 과정에서 가축이 등장한다. 보리의 생육은 지금에 뒤지지 않을 정도로 훌륭하다. 관개, 높은 생산력, 노예 동원 그리고 그림에는 잘 드러나지 않지만 대규모 농업 형태가 완성되었다는 점에 유의해야 한다. 지중해 농경문화의 농업은 사바나 농경문화와 달리 출발 단계부터 대규모로 이루어졌던 것이다.

지중해 농경문화의 선후 문제

지금까지 지중해 농경문화로 이야기한 내용들이 많은 유럽 학자들에 의해 티그리스·유프라테스 강에서 시작된 농경문화 즉, 인류 최초의 농경문화와 동일한 것으로 받아들여지고 있다. 이번 장에서는 과연 지중해 농경문화가 인류 최초의 농업이며 사바나 농경문화와 근재 농경문화가 지중해 농경문화의 자극으로 시작된 것인지에 대해 생각해보고자 한다. 유럽의 학자들은 일반적으로 이 설을 전제 조건과 같이 받아들이고 조금도 의심하지 않는 듯하다. 하지만 내 생각은 다르다. 이제 내가 내린 결론에 대해 이야기하겠다.

구세계에서 발생한 세 가지 농경문화의 복합체는 저마다 농경문화 복합체라고 부를 만한 수준으로 발달하기까지 독립적으로 성립했다. 그러지 않고서는 세 가지 농경문화 복합체가 발생 지역의 자연 조건에 꼭 맞는 작물군을 고도의 수준으로 발전시킨 것을 설명할 수 없을 것이다. 이 점은 후에 이차적으로 서로 접촉하고 작물군이 오고간 후부터는 다수의 변형된 품종이 환경적으로 맞지 않는 땅에서도 정착하게 된 현상과 대조해 생각해야 한다.

다음 문제는 독립적으로 발생한 세 가지 농경문화의 연대이다. 근재 농경문화가 가장 역사가 깊다. 반대로 근재 농경문화가 사바나 농경문화 혹은 지중해 농경문화의 자극으로 시작되었다면 어떠했을까. 근재 문화에서는 본질적으로 종자 번식을 하는 작물이 한 종도 없다. 두류도 없다. 토기 하나 없이 식량 체계가 완성되었다. 농기구라고는 뒤지개뿐이었다. 이를 종자 생산을 주력으로 하는 사바나 농경문화 복합체나 지중해 농경문화 복합체에서 퇴화한 결과로 보기에는 무리가 있다. 완전히 새롭게 창조된 농경문화인 것이다.

근재 농경문화 복합체는 농경 이외의 기술은 발달하지 못했지만 그런 환경 내에서도 최대한 독자적인 발달을 이루었다. 문화의 발전 단계뿐 아니라 절대 연대에 있어서도 가장 오래된 농경문화이다. 그 점은 바나나나 얌의 품종 발달 정도나 지리적 분포의 변천을 통해서도 확인할 수 있다. 이 점에 대해서는 복잡한 문제가 많기 때문에 여기서는 생략한다.

다음으로 사바나 농경문화와 지중해 농경문화 중 역사가 더 오래된 쪽은 어디일까. 이것은 꽤 어려운 문제이다. 일단, 지중해 농경문화의 농업 혁명이 탄생시킨 고대 오리엔트 문명의 농산물 중에 이미 사바나 농경문화의 작물이 다수 존재했다는 점을 기억할 필요가 있다. 예컨대, 참깨와 같은 유료 작물이 있다. 즉, 사바나 농경문화는 고대 오리엔트 문명 시대에 이미 다른 지역에까지 전파될 만큼 발달한 작물군이 있었다는 것이다.

또 한 가지 흥미로운 사실은 나일강 유역에서 찾아볼 수 있다. 이집트에서는 맥류 농업 중심의 강력한 지중해 농경문화 복합체가 꽃을 피웠지만 수단이나 남아프리카까지 전파되지는 못했다. 지금 생각하면, 케냐나 우간다 혹은 남아프리카의 고원 지대에서도 소맥 농업이 충분히 가능하다.

그런데도 고대 이집트 시대에는 전혀 전파되지 않았다. 단, 에티오피아에는 맥류 농경이 널리 전파되었지만 오늘날 에티오피아의 주식은 여전히 잡곡인 테프이다.

그리고 수단, 케냐, 우간다, 남아프리카의 농업은 감자류 등의 근재 혹은 잡곡으로, 가축 이외에 지중해 농경문화 복합체의 영향은 거의 보이지 않는다. 맥류는 들어오지 않았지만 가축은 정착했다. 그리고 맥류 대신 잡곡이 재배되었다. 이런 현상은 이집트 문명 당시 이미 수단 이남 지역에는 잡곡과 두류를 주력으로 하는 사바나 농경문화 복합체가 단단히 뿌리를 내리고 있었기 때문이었던 것으로 설명할 수 있다. 다만, 사바나 농경문화에는 고유의 가축이 없었기 때문에 지중해 농경문화와의 접촉으로 가축을 받아들인 것이다. 쉽게 말해, 참깨와 소를 교환한 것이다. 사실 이집트에 전해진 사바나 농경문화의 작물은 그 밖에도 많다. 동부콩도 그중 하나이다.

종합해보면, 사바나 농경문화와 지중해 농경문화 모두 오랜 역사를 지녔다는 것이다. 하지만 지중해 농경문화는 농업 혁명을 계기로 고도로 발전하며 단숨에 사바나 농경문화를 앞질렀다. 지금 시점에는 이것이 가장 적당한 답이 될 것이다.

지중해 농경문화의 아시아 전파

맥류 재배 중심의 지중해 농경문화 복합체는 지중해 지역 이외에도 널리 전파했다. 먼저, 유럽의 알프스 북쪽 삼림 지대로 전파했다. 북으로 갈수록 겨울의 추위가 심한 이 지역에서는 봄에 파종해 재배하는 품종군이 생겼다. 맥류의 뛰어난 적응력을 보여주는 사례이다.

한편, 동쪽의 아시아 방면으로도 전파했다. 인도 서북부의 모헨조다로 문화 즉, 인더스 문명은 아리안 인의 인도 침략 이전에 이미 도시 국가를 형성하고 소맥과 대맥류를 재배했을 뿐 아니라 가축도 길렀다. 그림 41을 통해 아시아 동부에 전파된 지중해 농경문화의 여러 경로에 대해 확인할 수 있다. 중국에 도달한 맥류는 주로 티베트를 경유해 전파되었다. 초기에는 대맥, 후기에는 소맥과 그 잡초인 귀리가 함께 들어왔다. 그 밖에 시베리아 경로를 통해 봄 파종형 소맥을 중심으로 잡초인 반탈락성 호밀이 함께 들어왔다. 가축 중에는 소가 히말라야 이남 지역에서 히말라야와 인도를 경유해 중국에 전해졌다. '소가 맥류보다 더 빨리, 먼 곳까지 전파된' 것이다.

또 습하고 더운 동남아시아에 맥류는 전파되지 않았지만 소(물소)는 도입되었다. 아프리카에 맥류보다 소가 전파된

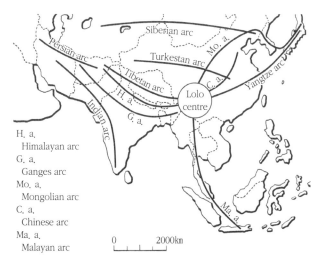

H. a.
  Himalayan arc
G. a.
  Ganges arc
Mo. a.
  Mongolian arc
C. a.
  Chinese arc
Ma. a.
  Malayan arc

그림 41 아시아로 전파된 지중해 농경문화 및 사바나 농경문화의 경로. 서에서 동으로 전해졌다. 여러 전파 경로가 로로 기원지에서 만나 이차적인 중심지가 되었다

표 10 각 아크를 특징짓는 작물명

아크	전파된 작물명
티베트	이립계 소맥, 티베트형 보통밀, 삼차망 대맥, 야생형 쌀귀리, 쓴메밀
히말라야	인도형 보통밀, 쌀보리, 줄맨드라미, 아우스형 벼, 메밀, 쓴메밀
갠지스	두류, 아만형 벼, 인도형 대맥
몽골	재배형 쌀귀리, 삼차망 대맥, 줄맨드라미, 메밀, 쓴메밀
중국	겨자류
양쯔 강	아우스형 벼, 아만형 벼, 티베트형 보통밀, 인도형 소맥, 쌀보리, 메밀
말레이	아우스형 벼, 아만형 벼, 페르시아형 옥수수
페르시아	이립계 소맥, 쓴메밀(잡초성 호밀)
인도	이립계 소맥, 쓴메밀
투르키스탄	개자리, 포도, 이립계 소맥
시베리아	봄 파종 소맥(잡초성 호밀)

그림 41 참조

것처럼 아시아에서도 마찬가지였다. 인도, 중국 등의 아시아에서 지중해 농경문화 복합체는 사바나 농경문화 복합체와 중복해 전파되었다. 특히, 조엽수림 지대에서는 근재 농경문화의 바탕 위에 사바나 농경문화 그리고 지중해 농경문화까지 더해진 삼중의 문화 복합체가 형성되었다.

오늘날 중국 북부와 인도의 서부 지역은 모두 소맥 농업지대가 되었다. 사바나 농경문화 복합체에 지중해 농경문화 복합체가 중복해 들어온 것이라 다른 지역과 전혀 다른형태의 농경 방식을 보여준다. 맥류 농업은 본래 산파 방식으로 파종하는데 중국에서는 사바나 농경문화의 발전형인조파를 전면적으로 도입했다. 인도 서부의 소맥 농업에는산파와 조파가 모두 도입되었다. 중국과 인도 맥류 농업의또 한 가지 공통된 특징은 맥류 농업과 결합한 잡초군이 거의 없다는 점이다. 예컨대, 잡초성 귀리류는 중국, 인도, 일본의 보리밭 이외에는 히말라야, 티베트, 몽골을 포함한 전세계 거의 모든 보리밭에 뒤섞여 자란다.

인도와 중국의 보리밭에 귀리가 섞여 있지 않은 이유는무엇일까. 여기에는 두 가지 가능성이 있다. 하나는 중국,인도에 전파된 맥류가 귀리류가 보리밭의 잡초로 섞여 자라기 전 지중해 지역에서 떨어져 나온 종류라는 것이다.

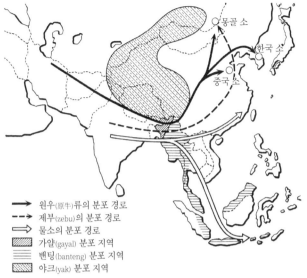

몽골 소
한국 소
중국 소

그림 42 소의 동아시아 전파와 기원

즉, 애초에 중국과 인도의 맥류에는 귀리가 섞여 있지 않았을 가능성이 있다. 또 다른 가능성은 제초를 중시하던 사바나 농경문화에서 잡초가 섞여 있는 보리밭에서 순수한 보리만 선별하고 잡초를 절멸시켜버린 경우이다. 귀리 이외에 중국과 인도에서 맥류 농업에 섞여 전파되는 잡초류를 조사해보니 가을에 파종하는 채소류는 널리 전파되어 독특한 발달을 이루었다는 것을 알 수 있다. 즉, 중국과 인도에서는 제초 작업으로 잡초를 퇴치했다고 보아야 할 것이다. 이것은 사바나 농경문화가 발달한 지역에 지중해 농경문화의 요소가 들어와 변형된 형태로 정착했다는 것을 나타낸다.

소맥과 대맥

유럽의 신석기 시대, 철기 시대에는 소맥과 대맥을 모두 재배해 식량화했다. 고대 이집트에서도 대맥과 엠머밀을 재배해 식용했다. 그런데 오늘날 유럽에서는 소맥을 주로 먹고 대맥은 가축의 사료나 맥주, 위스키 등의 원료로 쓰인다. 대맥은 인간의 식량에서 탈락하고 말았다. 이집트를 포함한 지중해 지역에서도 에티오피아를 제외하면 대맥 재배는 쇠퇴했다. 동양의 경우, 중국 화북 지역의 광활한 농경지 대부분이 밀밭이며 대맥은 극히 일부에 불과하다. 중국에서 대맥 재배가 더 많은 곳은 양쯔 강 연안의 수전에서 보리를 이작裏作하는 경우뿐이다. 인도에서는 뉴델리 서쪽, 펀자브, 서파키스탄에 이르는 맥류 농경지가 전부 소맥 농업 지대가 되었다. 오늘날 전 세계적으로 대맥 재배가 소맥보다 중시되는 나라는 티베트뿐이다. 다음으로 대맥의 중요도가 높은 곳은 일본, 에티오피아 순이다. 일본은 소맥에 대한 대맥의 상대적 지위가 높은 매우 드문 나라이다.

사실 이것은 이상한 일이다. 중국이나 인도 모두 고대에는 대맥을 주력으로 재배했던 것이다. 중국에는 예부터 보리에 해당하는 여러 한자가 있었는데 문헌학적으로 보면 대부분 대맥을 가리키는 말이었다고 한다. 중국 문화에서 대맥과 소맥을 구분한 표현이 문헌에 등장하는 것은 한나라 시대의 일로, 그 이전까지는 대맥이 주력이었거나 유일한 맥류였을 것으로 추정한다. 한편, 인도에서는 아리안 족의 침략 초기, 야바라고 불리던 대맥이 주식으로 이용되었다. 인도의 문헌학자들은 인더스 문화 유적에서는 소맥이 출토되었는데 그 후 아리안 민족의 고전에는 소맥에 관한 기록이 등장하지 않는 것에 곤란을 느끼는 상황이다. 이처럼 아시아의 2대 문명은 서로 비슷한 변천을 겪으며 역사 시대에 이르러 대맥에서 소맥으로 주식이 바뀐 것으로 판단할 수 있다. 티베트에서는 그런 전환이 일어나지 못한 것이다. 과연 중국과 인도는 언제쯤 이런 전환이 일어났을까. 여기에 대해서는 문헌 자료가 거의 없다. 다만, 소맥이 주식으로 바뀌게 된 데에는 분식의 영향이 가장 컸을 것으로 생각되기 때문에 중국과 인도의 제분법의 역사와 발전상을 통해 간접적인 추정이 가능하다.

인도 문명의 전통적인 제분법은 손절구를 이용하는 방식

으로 물레방아를 이용한 방식은 히말라야 산지에서만 이루어졌다. 또한 특별한 계급만 제분을 할 수 있었기 때문에 일반 대중들이 일상식으로 분식을 이용했다고 보기에는 무리가 있다. 그러므로 인도의 주식이 소맥으로 바뀐 것은 18세기 즉, 유럽 문명의 영향으로 기계를 이용한 제분법이 도입된 이후일 것이다. 오늘날 인도에서는 소맥을 이용해 차파티chapāti라고 불리는 빵을 만들어 먹는 방식이 일반적이다. 그 원료인 아타atta는 밀가루라고 번역되는데 실은 그렇지 않다. 아타는 물을 넣고 반죽해 얇게 구워 차파티를 만드는 가루를 말한다. 말하자면 대맥, 잡곡, 두류 등이 섞인 가루도 모두 아타인 것이다.

한편, 중국에서는 당나라 때부터 물레방아를 이용한 제분이 성행했다. 그런 이유로 중국은 훨씬 이른 시기에 대맥에서 소맥으로 바뀌었을 것이다. 오늘날 중국에서는 전립분을 반죽해 빚은 빵을 찜통에 쪄서 먹는 방식이 일반적이다. 그런데 유럽의 경우를 살펴보면 일본인의 상식으로는 의외의 사실을 깨닫는다. 예부터 유럽의 서민들이 모두 밀가루로 만든 빵을 먹었는가 하면 실은 그렇지 않다. 유럽의 농업사를 보면, 중세까지는 대맥 재배가 많았다. 당시 유럽의 일반 서민들이 밀가루로 만든 빵을 먹을 수 있는 것은 축

제날 정도였다고 한다. 유럽에서 소맥 재배가 크게 늘고 제분법이 발달한 것은 산업 혁명 시대로 그 후 유럽인들은 밀가루로 만든 빵을 주식으로 먹게 되었다. 식생활의 기본적인 관습은 크게 변하지 않을 것이라고 생각하지만 실은 놀라울 정도로 변천해온 것이다.

제2차 농업 혁명

고대 오리엔트 관개 농업의 획기적인 발전을 여기서는 농업 혁명이라고 불렀다. 이 혁명은 신석기 시대에 일어났기 때문에 신석기 농업 혁명이라고도 불리며 다른 관점에서 보면 제1차 농업 혁명이라고도 칭할 수 있다. 이후 지중해 농경문화에서 제2차, 제3차, 제4차 농업 혁명이 일어났기 때문이다.

지중해 지역에서의 제2차 농업 혁명은 그리스와 로마에서 일어났다. 로마의 이포식 농업 즉, 1년 간격으로 휴한과 재배를 순환하는 형식으로 하나의 완성형으로 정착한 건지 농법의 체계가 바로 그것이다. 이 체계는 농업 지역을 점과 선에서 면으로 확장했다. 제1차 혁명인 관개 농업은 아무래도 지형이나 수량水量의 제한이 있기 때문에 농지는 지표면에 단속적인 점이나 선으로만 존재할 수 있었다. 티그리스·유프라테스 강 유역과 이집트도 면이라기보다는 커다란 점으로서 존재했던 것이다. 그런데 수리水利의 제약이 없는 건지 농법은 관개 농업보다 단위 면적당 수확량은 적어도 큰 면적을 활용할 수 있는 장점이 있다. 그리고 그 결과 더 많은 식량의 잉여를 생산할 수 있게 되었다.

고대 서양사 최초의 사건인 그리스와 페르시아의 전쟁이 그리스의 승리로 막을 내린 것은 말하자면, 제1차 혁명인 관개 농업과 제2차 혁명인 건지 농법의 전쟁이었으며 알렉산더 대왕에 의한 정복은 건지 농법의 토대 위에 성립한 문화가 관개 농업의 문화를 앞질렀다는 것을 증명한다.

제3차 농업 혁명은 알프스 이북의 유럽의 삼림지대에서 일어났다. 농목 겸업으로 생계를 꾸리던 게르만계 민족이 로마 문화의 영향으로 삼포식 농업을 도입해 제3차 농업 혁명을 이끌었다. 가축과 경작을 가장 효과적으로 결합한 형식으로 가축분을 거름으로 이용해 지력을 크게 높일 수 있었다. 제3차 농업 혁명은 유럽의 봉건제 사회를 떠받치는 역할을 했다. 이렇게 지중해 농업문화는 거듭된 농업 혁명을 통해 더 큰 발전을 이루었다. 그리고 그 혁명을 통해 정치, 문화적으로도 강력한 세력을 지닌 지역이 오리엔트에서 그리스, 로마 더 나아가 알프스 이북의 유럽으로 이동했다.

제4차 농업 혁명은 또 다시 알프스 이북의 유럽에서 일어났다. 산업 혁명과 나란히 전개된 이 농업 혁명의 특징은 삼포식보다 발전된 형태인 윤재식, 중경, 소의 사육(삼포식 농업 방식은 가을에 가축을 많이 도살했지만 새로운 방식을 도입한 후로는 겨울에도 가축을 길렀다), 사료 작물의 개발과 재배 등이 있다. 오늘날 유럽의 농업은 제4차 농업 혁명에 기계가 도입되면서 개량된 방식이다.

사바나 농경문화 지대에서도 지중해 지대와 대비해볼 만한 농업 혁명이 있었다. 앞서 이야기했듯 동남아시아의 벼 농업은 산거, 화전 농업에서 계단식 수전으로 발달한 단계와 저지대 수전의 두 가지 단계가 있다. 화전은 점과 선으로 이루어진 제1차 농업 혁명으로 설명할 수 있으며 신석기 시대에 발생했다는 점도 일치하지만 제국을 탄생시킬 만한 힘은 갖지 못했다. 한편, 평지 수전에서 전개된 농경 복합체는 그야말로 면을 정복할 힘을 비축하게 된 제2차 농업 혁명에 대응하며 국가를 수립할 역량도 갖추게 된다.

또 중국 북부의 황토 지대와 인도의 펀자브 지대에서는 고대부터 건지 농법을 도입한 면을 지배하는 농업이 시작되었다. 중국의 주나라, 인도의 마우리아 왕조와 같은 대제국은 모두 이 건지 농법을 바탕으로 발달한 제2차 농업 혁명이 있었기에 성립할 수 있었다. 다만, 이 두 제국을 구성하는 농작물 중에는 지중해 농경문화의 요소가 포함되어 있었기 때문에 지중해 농경문화도 국가 성립에 영향을 미쳤을 가능성이 있다. 이 점을 높이 평가해 지중해 농경문화의 영향력을 오해한 결과 영국인들의 농업계통론이 나온 것이라고 본다.

사하라 사막 이남의 사바나 농경문화의 발생지는 제1차 농업 혁명의 단계에서 더 발전하지 못한 채 오늘에 이르렀다. 아프리카 역시 서부를 제외하면 제1차 혁명의 초기 단계에 그치고 말았다. 신대륙의 잉카, 마야 문명 모두 제1차 농업 혁명으로 탄생한 제국이었다. 또 동아시아의 조엽수림문화도 마찬가지 제1차 농업 혁명의 단계에서 더 발전하지 못했다.

아시아에서 제3차 농업 혁명이 일어났는지에 대해서는 의견이 분분하다. 일본의 봉건제 발달을 보면 일본에서도 제3차 농업 혁명이 일어났으리라는 설이 있지만 내 견해는 부정적이다. 중국 허난 성이나 인도의 펀자브에서 단계적으로 발생했다는 견해에도 동의할 수 없다. 요컨대 중국, 인도, 일본의 농업은 오늘날 크게 뒤처져 있다. 아시아나

아프리카의 재래 농업은 제2차 농업 혁명 단계를 조금 손본 정도일 뿐 산업 사회의 안정된 요소로 편성되기는 불가능하다. 이런 현상은 오늘날 일본이 겪고 있는 가장 전형적인 문제로 머지않아 아시아, 아프리카의 중·후진국에도 닥칠 문제이다. 제2차 농업 혁명에서 제4차 농업 혁명으로의 도약만이 이 문제를 타개할 방법이다.

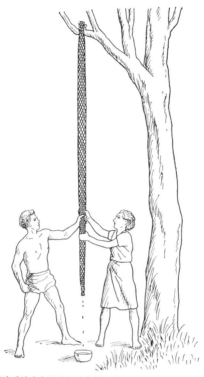

도미니카에서 카사바의 독성을 제거하는 방법. 가늘고 긴 망에 으깬 감자를 넣고 짜서 독성을 제거한다. 아래에는 독액을 받는 그릇이 놓여 있다(Life, Oct. 12, 1959)

제7장 신대륙 농경문화

응용 문제로서의 신대륙

남북미의 신대륙 농경문화가 구대륙과 별개로 독립 발생했다는 것은 널리 인정되고 있다. 하지만 여기에도 의문이 전혀 없는 것은 아니다. 구대륙에서 발생한 농경문화가 신대륙 농경문화 발생에 영향을 미쳤다 해도 약간의 자극 이상은 아니었을 것이라는 것은 분명하다. 신대륙의 농경문화 복합체를 만든 재배 식물군은 사실상 전부 신대륙 기원의 식물이기 때문이다. 물론, 이것은 콜럼버스의 발견 이후가 아닌 그 이전의 마야, 잉카 그 밖의 다양한 신대륙의 재래 농경문화의 경우이다.

신대륙의 재래 농경문화 복합체가 독자적인 재배 식물로 완성된 것은 구대륙의 근재 농경문화, 사바나 농경문화, 지중해 농경문화의 복합체가 저마다 독자적인 재배 식물로 완성된 것과 같은 현상으로, 독립적으로 발생한 농경문화인 이상 당연한 결과이다.

신대륙 농경문화 복합체를 조사해 보면, 전반적으로 지금까지 이야기한 구대륙 농경문화의 발생과 발전 모습의 일부가 그대로 나타난다. 신대륙 농경문화는 구대륙 농경문화의 응용문제처럼 모든 것을 쉽게 이해할 수 있다. 신대륙 농경문화에서는 구대륙의 근재 농경문화, 사바나 농경

표 11 신대륙의 세 가지 근재문화 복합체

	대표적인 감자류	발생지	해발 고도	그 밖의 감자류 및 과실류
열대 기원	카사바	베네수엘라	0m	야우티아, 복숭아 야자, 파인애플, 얌
난온대 기원	고구마	멕시코	2000m	?
냉온대 기원	감자	페루, 볼리비아	3000m	오카, 올루코, 아누, 라카차

문화와 대응하는 현상이 발생하고 발달했으나 지중해 농경
문화와 대응하는 현상은 발생하지 않았다.

세 가지 근재 농경문화

　신대륙의 근재 농경문화는 세 가지로 구별할 수 있다. 아
시아의 열대강우림에서는 한 가지 근재문화만 성립하고,
온대에 적응한 형태로 조엽수림문화가 나타난 정도였지만
신대륙에서는 더욱 복잡한 형태로 나타난다.

　아시아의 근재 농경문화와 가장 비슷한 것은 남미의 북
부, 카리브해 부근에서 발생한 저지대 열대형 근재 문화로
카사바라는 감자류를 주로 이용한다. 카사바Cassava(Mani-
hot utilissima)는 관목성 식물로 꺾꽂이로 번식한다. 열대 건
조 기후에 잘 적응하며 원산지는 베네수엘라의 사바나와

같은 지대라는 주장이 있다. 카사바는 생산성이 높은 쓴맛 품종과 생산성이 낮은 단맛 품종의 2대 품종군이 있으며 쓴맛 품종은 조리 전에 독성을 제거할 필요가 있다. 콜럼버스가 처음 서인도 제도에 상륙해 만난 섬 주민들은 카사바를 주식으로 먹었다. 그들이 카사바의 독성을 제거하는 방법은 다음과 같았다. 먼저, 감자를 으깬 후 가늘고 긴 망에 넣고 즙을 짜낸다. 물을 추가해 다시 짜내는 방식을 반복해 독성을 제거한다. 으깬 감자를 물에 담그면 쉽게 독성을 제거할 수 있는데 신대륙의 카사바 지대에서는 이런 방식이 쓰였던 것이다.

카사바가 주력인 근재문화는 그 밖에도 타로감자와 똑같이 생긴 야우티아yautía(Xanthosoma spp.)를 재배화했다. 맛은 물론 생산성도 뛰어난 이 식물은 현재 아시아, 오세아니아에 전파되어 널리 재배되고 있다. 재배화된 얌류Dioscorea trifida도 있었으며 야생 얌도 다수 이용되었다. 파인애플이나 복숭아 야자Bactris gasipaes와 같은 훌륭한 과실류도 있고 그중에는 무종자 과실이 된 품종도 있다.

신대륙의 열대형 근재 농경문화에는 아시아의 근재 농경문화와 같은 화전 농법이 정착했다. 다만, 신대륙의 화전 농경은 더 높은 단계로 발달하기 전에 옥수수나 두류를 받아들이면서 변용되고 만다.

　고구마의 원산지에 관해서는 많은 의문이 제기되었으나 최근 교토 대학교의 니시야마 이치조西山市三 박사의 연구 결과 멕시코 부근이라는 견해가 가장 유력시되었다. 근연 야생종의 생육지 등으로 추정하면, 고구마는 난온대 기원으로 멕시코시티보다 조금 낮은 고도 2천 미터 부근이 본거지로 보인다. 고구마가 주력인 난온대 근재문화에는 고구마 이외에 재배화된 감자류는 거의 없다. 하지만 다양한 야생 감자류를 채집해 이용한다. 이 난온대 근재문화는 근재문화 복합체로서 고구마 이외에 눈에 띄는 발전은 없었지만 같은 지역에서 구대륙의 사바나 농경문화 복합체에 대응하는 옥수수-콩-호박의 복합체에 의한 강력한 농경문화가 성립하게 된 기반으로 여겨지는 만큼 무시할 수 없는 지역이다.

안데스 고지의 근재 농경문화

　감자의 기원을 거슬러 올라가다 보면 뜻밖의 사실을 알게 된다. 특히, 볼리비아나 페루의 산지를 조사하면 놀라운 사실이 속속 드러난다. 지금은 잉카 문명의 자손들이 살고 있는 그 지역의 밭에는 일군의 감자류가 자라고 있다. 솔라눔 투베로숨Solanum tuberosum이라고 불리는 4배체 식물이다. 그런데 그 밭에는 같은 솔라눔 속이지만 종이 다른 식물이 섞여 자라며 마찬가지로 감자를 맺는다. 산지민들은 이 감자류를 함께 수확해 식용했다. 이렇게 한 밭에 섞여서 재배되는 감자류가 약 18종에 달하며, 순수한 야생종의 감자를 캐서 식용하는 종류도 8종이나 된다. 감자류는 솔라눔 속에 속하는 방대한 일군의 식물로 2배체부터 5배체에 걸친 식물을 포함한다. 그중에서 딱 한 종류만 전 세계로 전파된 것이다. 이런 감자류 대부분이 안데스 산맥의 아주 높은 지역, 해발 4천 미터의 냉온대에서 재배되는 농작물이다. 감자는 고산 식물의 덩이줄기이다. 히말라야의 4천 미터가 넘는 고산대에 정착해 재배되고 있는 것만 보아도 알 수 있다.

감자 중심의 안데스 고지의 근재 농경문화는 그 밖에도 흥미로운 감자류를 재배화했다. 오카Oxalis crenata, 울루코Ullucus tuberosus, 아누Tropaelum tuberosum, 아라카차Arracacia xanthorrhiza 등 안데스 고원을 제외한 어떤 지역으로도 전파되지 않은 재배 식물의 감자류도 있다. 야마라는 가축이 안데스 이외의 어느 곳으로도 전파되지 않은 것과도 비교할 수

그림 43 콜럼버스 시대 남미의 농업 지대(사사키, 1957)

□ 화전 농업지대
▨ 관개 농업지대
⋮ 그 밖의 농업

있다. 이런 감자류는 안데스 고지에서 매우 훌륭한 근재 농
경문화 복합체가 되었다. 안데스 고지는 근재 농경문화의
환경으로는 지극히 예외적인 장소이다. 이런 곳에서 다양
한 감자류를 개발했다는 사실이 놀라울 따름이다.

근재 농경문화와 감자류의 독성, 쓴맛을 제거하는 방법
은 떼려야 뗄 수 없는 관계이다. 안데스 고지에서는 물을 사용하지 않고 동결 건조하는 독창적인 방법이 발달했다. 볼리비아와 페루에 걸친 티티카카 호수 주변의 건조 감자는 널리 알려져 있지만 오카와 아누는 동결 건조법으로 독성을 제거하지 않으면 식용에 적합하지 않다. 감자류에도 이 방법을 응용한 것이라는 설이 있지만 감자류 중에도 쓴맛이 강한 것이 있기 때문에 쓴맛을 제거하지 않으면 식용하기 힘든 종류가 있다. 이런 동결 건조 가공법의 특징 중 하나는 저장과 운송이 불편한 근재 농경문화가 지닌 공통의 단점에서 해방되었다는 점이다. 이것은 안데스의 근재 농경문화만이 잉여 생산물을 축적, 운송할 수 있었다는 것을 뜻하며 고도의 문화를 이룩할 토대를 갖추게 된 것이라고 볼 수 있다.

신대륙의 종자 농업

신대륙에서 전개된 종자 생산 중심의 농경문화는 그 재배 식물의 조합으로 볼 때 구대륙의 사바나 농경문화와 매우 비슷하다. 칼 사우어는 이런 신대륙의 종자 생산 농업을 옥수수-두류-호박 복합체라고 칭했다. 여름 작물인 곡류, 두류, 과채류의 복합이라는 점은 사바나 농경문화와 똑

같다. 단지 신대륙의 경우에는 유료 작물의 개발이 뒤처졌을 뿐이다. 신대륙의 유료 작물은 칠레에서 소량의 마디아 사티바Madia sativa가 재배되었으며 북미 평원의 주거지 환경에서 탄생한 잡초 기원의 해바라기Helianthus annus 정도가 있었다. 그 밖에 오늘날 고무 산업을 지탱하는 파라고무가 아마존 강 중류에서 반재배 상태로까지 발달해 종자유를 이용했다고 한다. 이런 유료 작물들은 모두 농경문화 복합체의 필수 요소가 될 만한 수준에는 미치지 못했다.

신대륙의 곡류는 옥수수라는 강력한 존재가 있었기 때문에 다른 곡류가 크게 눈에 띄지 않지만 그렇다고 전혀 없었던 것도 아니다. 칠레에서는 독보리의 일종Bromus munga이 소량 재배되었다. 북미 합중국의 서남부와 멕시코에 걸친 지대에서는 호피 족이 사탕수수의 근연 식물Panicum obtsum의 야생 종자를 채집해 식량화했지만 다년생인 이 식물은 완전한 재배화에 도달하기 직전 단계에서 탈락하고 말았다.

그중 가장 흥미로운 식물이 오늘날 북미에서 '와일드 라이스wild rice'라는 이름으로 시판되고 있는 줄풀이다. 스위스의 식물학자 애덤 마우리치오Adam Maurizio가 이 줄풀에 대해 설명한 흥미로운 내용이 있어 간단히 옮겨본다.

"인디언들은 그 낟알을 많이 채집한다. 익힐 때는 땅에 구멍을 파거나 통에 넣은 후 달군 돌의 열을 이용해 찌거나 질그릇이나 쇠솥에 넣고 불 위에 직접 올린다. 줄풀류는 캐나다부터 멕시코 만에 걸친 지대의 완만한 강가나 반염수 지역에 널리 분포하며 늪이나 급류 지역에서는 자라지 않는다. 원주민들이 부르는 와일드 라이스는 종류가 많으며 마을이나 지역 이름에도 자주 등장한다. 위니펙 호 서부, 위스콘신 등에 살던 부족은 강가에 종자를 뿌리고 물이 불어나는 시기에 수확하기도 했다. 하지만 종교적 이유로 파종을 꺼리던 부족도 있다. 다코타 족과 오지브와 족의 전쟁은 줄풀 생육지를 두고 벌인 쟁탈전이었으며 19세기 후반에도 다코타 인디언은 5000~7000명이 줄풀에 의지해 생활했다.

토착민들은 낟알이 여물기 2~3주 전인 유숙기에 이삭을 묶어두었다고 한다. 들새나 풍우 피해를 막기 위해서였다. 이런 풍습은 널리 퍼졌지만 모든 부족이 하던 것은 아니다. 수확은 주로 여자들이 배를 타고 지나며 묶어둔 낟알을 털어 배에 쌓는 식이었다. 때로는 일부러 빛깔이 옅은 유숙기의 이삭을 수확해 먹기도 했다.

낟알은 피륙이나 자작나무 껍질로 만든 판자 위에 깔아

서 말린 후 24시간 약한 불에 그슬리면 까끄라기가 떨어진다. 풀단째 말리거나 불에 그슬리는 부족도 있었다. 다코타족은 지지대를 세운 후 그 위에 멍석을 깔고 낟알을 펼친 뒤불을 지펴 화력 건조하는 방식을 사용했다."

이 기록을 보면 와일드 라이스가 원주민들의 생활에 얼마나 중요한 식물이었는지 알 수 있다. 특히, 흥미로운 점은 북미의 줄풀류 중 가장 중요한 식물인 지자니아 아쿠아티카Zizania aquatica가 일년생 식물이라는 것이다. 그렇기 때문에 유럽인들이 나타나기 전에 이미 부분적인 재배가 시작되고 미숙립 수확도 일부 이루어졌다. 유숙기의 이삭을 묶어 보호하는 방식도 보급되었다. 이런 모든 현상은 농경 단계로 들어서기 직전의 양상이다. 아직 비탈락성 품종군이 생기기 전이고 파종 전 땅을 갈아 일으키는 과정 등이 없었을 뿐이다. 콜럼버스가 500년 늦게 신대륙에 도착했으면 어땠을까 하는 상상을 하곤 한다. 어쩌면 북미 각지에 줄풀류 중심의 수전 농경문화가 전개되었을지도 모른다.

아시아, 아프리카의 사바나 농경문화의 경우를 보면 옥수수 지대인 북쪽에 줄풀류의 수전 지대가 생겼을 법도 한데 그러지 못한 이유는 무엇일까. 그 점에 대해서는 설명하기 힘들다. 아마도 사바나 농경문화에 대응하는 식물의 전개가 늦어진 탓이 아닐까. 잡곡의 영향으로 탄생한 아시아의 벼처럼 북미에서는 그 자극이 약했기 때문일 것이다.

신대륙의 훌륭한 재배 식물

신대륙 종자 생산 농경문화의 요소로서 조사한 재배 식물군에는 굉장히 훌륭한 식물들이 많다. 여름 작물의 곡류는 얼마 되지 않은 종류 중에서도 옥수수가 단연 뛰어나다. 지금은 아프리카와 인도의 잡곡 농업의 주요 작물이 되었다. 두류 중에는 강낭콩Phaseolus vulgaris이 크게 발달해 오늘날 유럽과 미국의 주력 작물이 되었다. 신대륙에는 그 밖에도 재배화된 두류가 많다. 과채류에서는 아시아와 아프리카의 사바나 농경문화와는 비교도 안 될 만큼 많은 종류의 박과 식물이 개발되었지만 현재는 생식용 오이, 멜론, 수박을 제외하면 농업 생산물로 재배되는 종류는 많지 않다. 한편, 신대륙 기원의 호박류를 비롯한 토마토, 고추 등은 전세계 농업 생산의 표준인 작물로 크게 발전했다. 신대륙의 근재 농경문화 작물인 감자, 고구마, 야우티아, 카사바 등도 세계적으로 널리 전파된 훌륭한 식물이다. 그에 비하면, 구대륙의 사바나 농경문화에서 개발된 재배 식물류의 존재는 미미할 정도이다.

신대륙 농경문화와 구대륙의 근재 농경문화, 사바나 농경문화를 비교하면 재미있는 차이를 깨닫게 된다. 신대륙의 경우, 농경문화 복합체로서 관찰하면 각각의 순수성과 완결성이 뚜렷하지 않고 개별적인 형태로 완성 단계에 도달하는 일 없이 근재 농경문화 위에 종자 농경이 중첩되는 듯한 모습을 보인다. 따라서 일정한 형태의 농경문화 복합체로 완성되지 못하고 전파하는 지리적 범위도 비교적 좁다. 이는 신대륙의 농경문화의 역사가 짧고 급격히 진전했다는 점에서 쉽게 이해할 수 있는 현상이다.

하지만 신대륙 농경문화 복합체가 구대륙의 경우를 압축한 듯한 형태로 독립적으로 전개되었다는 점이야말로 인간과 자연 간에 발생하는 운명의 법칙성을 웅변적으로 이야기해주고 있다고 할 수 있다.

후기

아직까지 이런 내용을 담은 책은 없었다. 하지만 이제 이런 책을 쓰지 않으면 안 될 시대가 왔다고 생각한다. 20세기까지 인류 역사의 중심적 사실이었던 농업의 기원과 발달의 역사가 너무나 단편적으로만 보고되었기 때문이다. 이 책에서 주장하는 체계는 '농업의 역사는 재배 식물이 말해준다'는 원리를 전제로 완성되었다. 그로 인해 기존의 역사관·세계관과는 크게 다른 결과를 얻게 되었다.

바나나와 사탕수수를 개발해 훌륭한 작물로 키워낸 것이나 추운 기후에 적합한 감자류를 개발해온 성과—그것들이 인류의 생활에 기여한 공로는 증기 기관이나 원자력 개발과 비교해도 손색이 없을 정도이다. 또 누가, 언제, 어디에서, 그런 놀라운 공헌을 해왔는지를 중심으로 생각하면 세계사의 체계는 일변한다. 그것은 권력이나 전쟁의 역사도 아니고 예술이나 이른바 소비적 문화의 역사와도 다른 전 세계 민중이 함께 이룩한 농업의 역사이다.

이 책에는 다양한 자료의 출전 등을 일일이 기술하지 않았다. 너무나 방대해질 것이기 때문이다. 이 책의 설명이 지나치게 간단하다고 불만을 토로하는 사람도 있겠지만 최후의 빙하기가 끝나기 전부터 현재까지 전 세계 민중의 주요한 노동을 기술하는 것이 이 책의 의도였기 때문에 어쩔 수 없었다. 넓은 아량으로 이해해주기 바란다. 더 자세히 알고 싶다면 주오코론샤中央公論社에서 출간된『이마니시 긴지 박사 환갑기념논문집 제1권今西錦司博士還曆記念論文集 第一巻』을 참조하기 바란다. 여기에는 참고 문헌 목록이 실려 있다.

생각해보면, 내가 이 문제에 관심을 갖기 시작한 지도 어느덧 25년이 흘렀다. 북한의 낭림산맥에서 소맥 밭에 섞여 있는 반탈락성 호밀을 보고 놀란 것이 1940년이었고, 미크로네시아의 포나페 섬에서 남양흥발회사의 사택에 머물며 빵나무와 얌을 조사하던 것은 태평양 전쟁 직전인 1941년 여름이었다. 그 후 동아시아 각지와 히말라야 전역에 걸친 총 12회의 탐험 조사 결과, 이 책의 체계가 완성되었다. (샤오싱안링[小興安嶺] 1939년, 북한 낭림산맥 1940년, 사할린 1940년, 미크로네시아 1941년, 샤오싱안링 1943년, 내몽고 1944년, 네팔 1952-1953년, 카라코룸 1955년, 부탄 1958년, 시킴-아삼 1959년, 네팔 1962년)

그동안 많은 이들의 아낌없는 가르침과 지원을 받았다.

특히, 식물학의 기하라 히토시木原均 박사, 생태학에서는 이마니시 긴지今西錦司 박사의 친절한 가르침을 받을 수 있었던 것은 큰 행운이었다. 또한 교토 대학교 인문과학연구소의 '인류의 비교사회학적 연구' 그룹에서 함께 토론하고 연구한 여러분들의 도움도 컸다. 모두에게 깊은 감사를 드린다.

나카오 사스케

역자 후기

　오늘날 우리의 식탁에 오르는 풍성한 음식들은 야생 낟알을 줍느라 고군분투하던 고대부터 우량한 품종을 선별해 다양한 재배 식물을 만들어내기까지 인류가 오랜 세월에 걸쳐 이루어낸 농경문화의 유산이다. 농경문화는 인간의 생명을 유지하기 위해 필요한 식량 생산이라는 가장 기본적인 목적을 달성했을 뿐 아니라 찬란한 문명을 꽃피우고 놀라운 기술의 진보와 고도로 발달된 문화와 예술을 이룩하며 우리의 삶을 더욱 풍요롭게 만들었다. 이 책은 그런 농경문화와 그 문화의 산물인 재배 식물의 기원과 발달을 문화 복합체의 관점에서 고찰한다. 폭넓은 현지 조사와 오랜 연구를 바탕으로 서구 중심의 학설에 얽매이지 않고 독자적인 견해를 펼치는 저자의 태도는 독자들에게 농경문화를 바라보는 새로운 시각을 제시한다. 농경은 인류의 생존과 번영의 가장 기본적이고 필수 불가결한 요소이다. 현대에는 의류, 주거, 의료 소재, 바이오 연료 등과 같이 산업적인 면에서도 크게 발달해 그 가치는 더욱 높아졌다. 하지만 한편으로는 기후 변화, 농업 인구의 감소, 노령화 등과 같이 농업의 존립을 위태롭게 하는 문제들도 점점 심각해지고 있다. 우리는 선조들이 물려준 우수한 농경문화를 미래의 후손들에게 계승해야 할 책임이 있다. 인류의 지혜가 집약된 농경문화의 기원과 발달의 역사를 돌아보며 다시 한번 농경의 미래에 대해 생각해볼 수 있는 좋은 기회가 되었으면 한다.

2020년 4월

옮긴이 김효진

IWANAMI 051

농경은 어떻게 시작되었는가

초판 1쇄 인쇄 2020년 5월 10일
초판 1쇄 발행 2020년 5월 15일

저자 : 나카오 사스케
번역 : 김효진

펴낸이 : 이동섭
편집 : 이민규, 서찬웅, 탁승규
디자인 : 조세연, 김현승, 황효주, 김형주
영업 · 마케팅 : 송정환
e-BOOK : 홍인표, 김영빈, 유재학, 최정수
관리 : 이윤미

㈜에이케이커뮤니케이션즈
등록 1996년 7월 9일(제302-1996-00026호)
주소 : 04002 서울 마포구 동교로 17안길 28, 2층
TEL : 02-702-7963~5 FAX : 02-702-7988
http://www.amusementkorea.co.kr

ISBN 979-11-274-3297-3 04900
ISBN 979-11-7024-600-8 04080

SAIBAISHOKUBUTSU TO NOKO NO KIGEN
by Sasuke Nakao
Copyright © 1966, 1994 by Mariko Murata
Originally published in 1966 by Iwanami Shoten, Publishers, Tokyo.
This Korean print edition published 2020
by AK Communications,Inc., Seoul
by arrangement with Iwanami Shoten, Publishers, Tokyo

이 도서의 국립중앙도서관 출판예정도서목록(CIP)은 서지정보유통지원시스템 홈페이지
(http://seoji.nl.go.kr)와 국가자료공동목록시스템(http://www.nl.go.kr/kolisnet)에서 이용하
실 수 있습니다. (CIP제어번호: CIP2020016613)

*잘못된 책은 구입한 곳에서 무료로 바꿔드립니다.

이와나미岩波 시리즈

001 이와나미 신서의 역사

가노 마사나오 지음 | 기미정 옮김 | 11,800원

일본 지성의 요람, 이와나미 신서!
1938년 창간되어 오늘날까지 일본 최고의 지식 교양서 시리즈로 사랑
받고 있는 이와나미 신서. 이와나미 신서의 사상·학문적 성과의 발
자취를 더듬어본다.

002 논문 잘 쓰는 법

시미즈 이쿠타로 지음 | 김수희 옮김 | 8,900원

이와나미서점의 시대의 명저!
저자의 오랜 집필 경험을 바탕으로 글의 시작과 전개, 마무리까지, 각
단계에서 염두에 두어야 할 필수사항에 대해 효과적이고 실천적인
조언이 담겨 있다.

003 자유와 규율 -영국의 사립학교 생활-

이케다 기요시 지음 | 김수희 옮김 | 8,900원

자유와 규율의 진정한 의미를 고찰!
학생 시절을 퍼블릭 스쿨에서 보낸 저자가 자신의 체험을 바탕으로,
엄격한 규율 속에서 자유의 정신을 훌륭하게 배양하는 영국의 교육
에 대해 말한다.

004 외국어 잘 하는 법

지노 에이이치 지음 | 김수희 옮김 | 8,900원

외국어 습득을 위한 확실한 길을 제시!!
사전·학습서를 고르는 법, 발음·어휘·회화를 익히는 법, 문법의 재
미 등 학습을 위한 요령을 저자의 체험과 외국어 달인들의 지혜를 바
탕으로 이야기한다.

005 일본병 -장기 쇠퇴의 다이내믹스-

가네코 마사루, 고다마 다쓰히코 지음 | 김준 옮김 | 8,900원

일본의 사회·문화·정치적 쇠퇴, 일본병!
장기 불황, 실업자 증가, 연금제도 파탄, 저출산·고령화의 진행, 격
차와 빈곤의 가속화 등의 「일본병」에 대해 낱낱이 파헤친다.

006 강상중과 함께 읽는 나쓰메 소세키

강상중 지음 | 김수희 옮김 | 8,900원

나쓰메 소세키의 작품 세계를 통찰!
오랫동안 나쓰메 소세키 작품을 음미해온 강상중의 탁월한 해석을
통해 나쓰메 소세키의 대표작들 면면에 담긴 깊은 속뜻을 알기 쉽게
전해준다.

007 잉카의 세계를 알다

기무라 히데오, 다카노 준 지음 | 남지연 옮김 | 8,900원

위대한 「잉카 제국」의 흔적을 좇다!
잉카 문명의 탄생과 찬란했던 전성기의 역사, 그리고 신비에 싸여 있
는 유적 등 잉카의 매력을 풍부한 사진과 함께 소개한다.

008 수학 공부법

도야마 히라쿠 지음 | 박미정 옮김 | 8,900원

수학의 개념을 바로잡는 참신한 교육법!
수학의 토대라 할 수 있는 양·수·집합과 논리·공간 및 도형·변수
와 함수에 대해 그 근본 원리를 깨우칠 수 있도록 새로운 관점에서 접
근해본다.

009 우주론 입문 -탄생에서 미래로-

사토 가쓰히코 지음 | 김효진 옮김 | 8,900원

물리학과 천체 관측의 파란만장한 역사!
일본 우주론의 일인자가 치열한 우주 이론과 관측의 최전선을 전망
하고 우주와 인류의 먼 미래를 고찰하며 인류의 기원과 미래상을 살
펴본다.

010 우경화하는 일본 정치

나카노 고이치 지음 | 김수회 옮김 | 8,900원

일본 정치의 현주소를 읽는다!
일본 정치의 우경화가 어떻게 전개되어왔으며, 우경화를 통해 달성
하려는 목적은 무엇인가. 일본 우경화의 전모를 낱낱이 밝힌다.

011 악이란 무엇인가

나카지마 요시미치 지음 | 박미정 옮김 | 8,900원

악에 대한 새로운 깨달음!
인간의 근본악을 추구하는 칸트 윤리학을 철저하게 파고든다. 선한
행위 속에 어떻게 악이 녹아들어 있는지 냉철한 철학적 고찰을 해본
다.

012 포스트 자본주의 -과학 · 인간 · 사회의 미래-

히로이 요시노리 지음 | 박제이 옮김 | 8,900원

포스트 자본주의의 미래상을 고찰!
오늘날 「성숙 · 정체화」라는 새로운 사회상이 부각되고 있다. 자본주
의 · 사회주의 · 생태학이 교차하는 미래 사회상을 선명하게 그려본
다.

013 인간 시황제

쓰루마 가즈유키 지음 | 김경호 옮김 | 8,900원

새롭게 밝혀지는 시황제의 50년 생애!
시황제의 출생과 꿈, 통일 과정, 제국의 종언에 이르기까지 그 일생을
생생하게 살펴본다. 기존의 폭군상이 아닌 한 인간으로서의 시황제
를 조명해본다.

014 콤플렉스

가와이 하야오 지음 | 위정훈 옮김 | 8,900원

콤플렉스를 마주하는 방법!
「콤플렉스」는 오늘날 탐험의 가능성으로 가득 찬 미답의 영역, 우리들의 내계, 무의식의 또 다른 이름이다. 융의 심리학을 토대로 인간의 심층을 파헤친다.

015 배움이란 무엇인가

이마이 무쓰미 지음 | 김수희 옮김 | 8,900원

'좋은 배움'을 위한 새로운 지식관!
마음과 뇌 안에서의 지식의 존재 양식 및 습득 방식, 기억이나 사고의 방식에 대한 인지과학의 성과를 바탕으로 배움의 구조를 알아본다.

016 프랑스 혁명 -역사의 변혁을 이룬 극약-

지즈카 다다미 지음 | 남지연 옮김 | 8,900원

프랑스 혁명의 빛과 어둠!
프랑스 혁명은 왜 그토록 막대한 희생을 필요로 하였을까. 시대를 살아가던 사람들의 고뇌와 처절한 발자취를 더듬어가며 그 역사적 의미를 고찰한다.

017 철학을 사용하는 법

와시다 기요카즈 지음 | 김진희 옮김 | 8,900원

철학적 사유의 새로운 지평!
숨 막히는 상황의 연속인 오늘날, 우리는 철학을 인생에 어떻게 '사용'하면 좋을까? '지성의 폐활량'을 기르기 위한 실천적 방법을 제시한다.

018 르포 트럼프 왕국 -어째서 트럼프인가

가나리 류이치 지음 | 김진희 옮김 | 8,900원

또 하나의 미국을 가다!
뉴욕 등 대도시에서는 알 수 없는 트럼프 인기의 원인을 파헤친다. 애팔래치아 산맥 너머, 트럼프를 지지하는 사람들의 목소리를 가감 없이 수록했다.

019 사이토 다카시의 교육력 -어떻게 가르칠 것인가-
사이토 다카시 지음 | 남지연 옮김 | 8,900원

창조적 교육의 원리와 요령!
배움의 장을 향상심 넘치는 분위기로 이끌기 위해 필요한 것은 가르치는 사람의 교육력이다. 그 교육력 단련을 위한 방법을 제시한다.

020 원전 프로파간다 -안전신화의 불편한 진실-
혼마 류 지음 | 박제이 옮김 | 8,900원

원전 확대를 위한 프로파간다!
언론과 광고대행사 등이 전개해온 원전 프로파간다의 구조와 역사를 파헤치며 높은 경각심을 일깨운다. 원전에 대해서, 어디까지 진실인가.

021 허블 -우주의 심연을 관측하다-
이에 마사노리 지음 | 김효진 옮김 | 8,900원

허블의 파란만장한 일대기!
아인슈타인을 비롯한 동시대 과학자들과 이루어낸 허블의 영광과 좌절의 생애를 조명한다! 허블의 연구 성과와 인간적인 면모를 살펴볼 수 있다.

022 한자 -기원과 그 배경-
시라카와 시즈카 지음 | 심경호 옮김 | 9,800원

한자의 기원과 발달 과정!
중국 고대인의 생활이나 문화, 신화 및 문자학적 성과를 바탕으로, 한자의 성장과 그 의미를 생생하게 들여다본다.

023 지적 생산의 기술
우메사오 다다오 지음 | 김욱 옮김 | 8,900원

지적 생산을 위한 기술을 체계화!
지적인 정보 생산을 위해 저자가 연구자로서 스스로 고안하고 동료들과 교류하며 터득한 여러 연구 비법의 정수를 체계적으로 소개한다.

024 조세 피난처 -달아나는 세금-

시가 사쿠라 지음 | 김효진 옮김 | 8,900원

조세 피난처를 둘러싼 어둠의 내막!
시민의 눈이 닿지 않는 장소에서 세 부담의 공평성을 해치는 온갖 악
행이 벌어진다. 그 조세 피난처의 실태를 철저하게 고발한다.

025 고사성어를 알면 중국사가 보인다

이나미 리쓰코 지음 | 이동철, 박은희 옮김 | 9,800원

고사성어에 담긴 장대한 중국사!
다양한 고사성어를 소개하며 그 탄생 배경인 중국사의 흐름을 더듬
어본다. 중국사의 명장면 속에서 피어난 고사성어들이 깊은 울림을
전해준다.

026 수면장애와 우울증

시미즈 데쓰오 지음 | 김수회 옮김 | 8,900원

우울증의 신호인 수면장애!
우울증의 조짐이나 증상을 수면장애와 관련지어 밝혀낸다. 우울증을
예방하기 위한 수면 개선이나 숙면법 등을 상세히 소개한다.

027 아이의 사회력

가도와키 아쓰시 지음 | 김수회 옮김 | 8,900원

아이들의 행복한 성장을 위한 교육법!
아이들 사이에서 타인에 대한 관심이 사라져가고 있다. 이에 「사람과
사람이 이어지고, 사회를 만들어나가는 힘」으로 「사회력」을 제시한다.

028 쑨원 -근대화의 기로-

후카마치 히데오 지음 | 박제이 옮김 | 9,800원

독재 지향의 민주주의자 쑨원!
쑨원, 그 남자가 꿈꾸었던 것은 민주인가, 독재인가? 신해혁명으로
중화민국을 탄생시킨 희대의 트릭스터 쑨원의 못다 이룬 꿈을 알아
본다.

029 중국사가 낳은 천재들
이나미 리쓰코 지음 | 이동철, 박은희 옮김 | 8,900원

중국 역사를 빛낸 56인의 천재들!
중국를 빛낸 걸출한 재능과 독특한 캐릭터의 인물들을 연대순으로
살펴본다. 그들은 어떻게 중국사를 움직였는가?!

030 마르틴 루터 -성서에 생애를 바친 개혁자-
도쿠젠 요시카즈 지음 | 김진희 옮김 | 8,900원

성서의 '말'이 가리키는 진리를 추구하다!
성서의 '말'을 민중이 가슴으로 이해할 수 있도록 평생을 설파하며 종
교개혁을 주도한 루터의 감동적인 여정이 펼쳐진다.

031 고민의 정체
가야마 리카 지음 | 김수희 옮김 | 8,900원

현대인의 고민을 깊게 들여다본다!
우리 인생에 밀접하게 연관된 다양한 요즘 고민들의 실례를 들며, 그
심층을 살펴본다. 고민을 고민으로 만들지 않을 방법에 대한 힌트를
얻을 수 있을 것이다.

032 나쓰메 소세키 평전
도가와 신스케 지음 | 김수희 옮김 | 9,800원

일본의 대문호 나쓰메 소세키!
나쓰메 소세키의 작품들이 오늘날에도 여전히 사람들의 마음을 매료
시키는 이유는 무엇인가? 이 평전을 통해 나쓰메 소세키의 일생을 깊
이 이해하게 되면서 그 답을 찾을 수 있을 것이다.

033 이슬람문화
이즈쓰 도시히코 지음 | 조영렬 옮김 | 8,900원

이슬람학의 세계적 권위가 들려주는 이야기!
거대한 이슬람 세계 구조를 지탱하는 종교·문화적 밑바탕을 파고들
며, 이슬람 세계의 현실이 어떻게 움직이는지 이해한다.

034 아인슈타인의 생각

사토 후미타카 지음 | 김효진 옮김 | 8,900원

물리학계에 엄청난 파장을 몰고 왔던 인물!
아인슈타인의 일생과 생각을 따라가 보며 그가 개척한 우주의 새로운 지식에 대해 살펴본다.

035 음악의 기초

아쿠타가와 야스시 지음 | 김수희 옮김 | 9,800원

음악을 더욱 깊게 즐길 수 있다!
작곡가인 저자가 풍부한 경험을 바탕으로 음악의 기초에 대해 설명하는 특별한 음악 입문서이다.

036 우주와 별 이야기

하타나카 다케오 지음 | 김세원 옮김 | 9,800원

거대한 우주의 신비와 아름다움!
수많은 별들을 빛의 밝기, 거리, 구조 등 다양한 시점에서 해석하고 분류해 거대한 우주 진화의 비밀을 파헤쳐본다.

037 과학의 방법

나카야 우키치로 지음 | 김수희 옮김 | 9,800원

과학의 본질을 꿰뚫어본 과학론의 명저!
자연의 심오함과 과학의 한계를 명확히 짚어보며 과학이 오늘날의 모습으로 성장해온 궤도를 사유해본다.

038 교토

하야시야 다쓰사부로 지음 | 김효진 옮김

일본 역사학자의 진짜 교토 이야기!
천년 고도 교토의 발전사를 그 태동부터 지역을 중심으로 되돌아보며, 교토의 역사와 전통, 의의를 알아본다.

039 다윈의 생애
야스기 류이치 지음 | 박제이 옮김

다윈의 진솔한 모습을 담은 평전!
진화론을 향한 청년 다윈의 삶의 여정을 그려내며, 위대한 과학자가
걸어온 인간적인 발전을 보여준다.

040 일본 과학기술 총력전
야마모토 요시타카 지음 | 서의동 옮김

구로후네에서 후쿠시마 원전까지!
메이지 시대 이후 「과학기술 총력전 체제」가 이끌어온 근대 일본 150
년. 그 역사의 명암을 되돌아본다.

041 밥 딜런
유아사 마나부 지음 | 김수희 옮김

시대를 노래했던 밥 딜런의 인생 이야기!
수많은 명곡으로 사람들을 매료시키면서도 항상 사람들의 이해를 초
월해버린 밥 딜런. 그 인생의 발자취와 작품들의 궤적을 하나하나 짚
어본다.

042 감자로 보는 세계사
야마모토 노리오 지음 | 김효진 옮김

인류 역사와 문명에 기여해온 감자!
감자가 걸어온 역사를 돌아보며, 미래에 감자가 어떤 역할을 할 수 있
는지, 그 가능성도 아울러 살펴본다.

043 중국 5대 소설 삼국지연의 · 서유기 편
이나미 리쓰코 지음 | 장원철 옮김

중국 고전소설의 매력을 재발견하다!
중국 5대 소설로 꼽히는 고전 명작 『삼국지연의』와 『서유기』를 중국
문학의 전문가가 흥미롭게 안내한다.

044 99세 하루 한마디

무노 다케지 지음 | 김진희 옮김

99세 저널리스트의 인생 통찰!
저자는 인생의 진리와 역사적 증언들을 짧은 문장들로 가슴 깊이 우리에게 전한다.

045 불교입문

사이구사 미쓰요시 지음 | 이동철 옮김

불교 사상의 전개와 그 진정한 의미!
붓다의 포교 활동과 사상의 변천을 서양 사상과의 비교로 알아보고, 나아가 불교 전개 양상을 그려본다.

046 중국 5대 소설 수호전 · 금병매 · 홍루몽 편

이나미 리쓰코 지음 | 장원철 옮김

중국 5대 소설의 방대한 세계를 안내하다!
「수호전」, 「금병매」, 「홍루몽」 이 세 작품이 지니는 상호 불가분의 인과관계에 주목하면서, 서사란 무엇인지에 대해서도 고찰해본다.

047 로마 산책

가와시마 히데아키 지음 | 김효진 옮김

'영원의 도시' 로마의 역사와 문화!
일본 이탈리아 문학 연구의 일인자가 로마의 거리마다 담긴 흥미롭고 오랜 이야기를 들려준다. 로마만의 색다른 낭만과 묘미를 좇는 특별한 로마 인문 여행.

048 카레로 보는 인도 문화

가라시마 노보루 지음 | 김진희 옮김

인도 요리를 테마로 풀어내는 인도 문화론!
인도 역사 연구의 일인자가 카레라이스의 기원을 찾으며, 각지의 특색 넘치는 요리를 맛보고, 역사와 문화 이야기를 들려준다. 인도 각 고장의 버라이어티한 아름다운 요리 사진도 다수 수록하였다.

049 애덤 스미스
다카시마 젠야 지음 | 김동환 옮김

우리가 몰랐던 애덤 스미스의 진짜 얼굴
애덤 스미스의 전모를 살펴보며 그가 추구한 사상의 본뜻을 이해하
고, 근대화를 향한 투쟁의 여정을 들여다본다

050 프리덤, 어떻게 자유로 번역되었는가
야나부 아키라 지음 | 김옥희 옮김

근대 서양 개념어의 번역사
「사회」, 「개인」, 「근대」, 「미」, 「연애」, 「존재」, 「자연」, 「권리」, 「자유」,
「그, 그녀」 등 10가지의 번역어들에 대해 실증적인 자료를 토대로 성
립 과정을 날카롭게 추적한다.